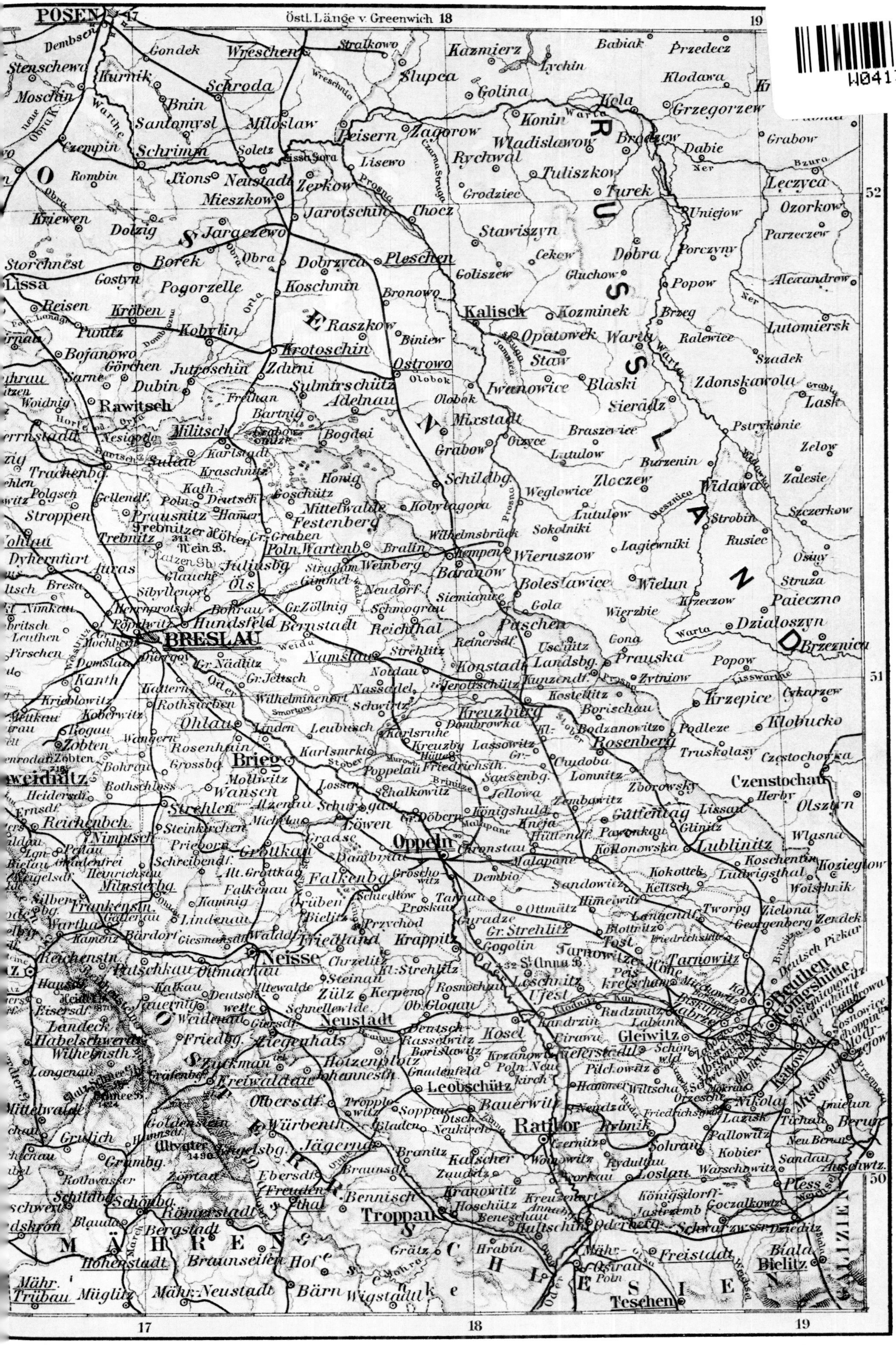
POSEN
Östl. Länge v. Greenwich 18
17
19
52
51
50
R U S S L A N D
S C H L E S I E N
M Ä H R E N
BRESLAU
Oppeln
Brieg
Neisse
Ratibor
Troppau
Teschen
Bielitz
Kalisch
Czenstochau
Gleiwitz
Beuthen
Königshütte
Kattowitz
Nikolai
Pless
Rybnik
Kosel
Leobschütz
Neustadt
Lublinitz
Rosenberg
Kreuzburg
Namslau
Öls
Trebnitz
Militsch
Rawitsch
Lissa
Krotoschin
Ostrowo
Kempen
Schildbg.
Pleschen
Jarotschin
Schrimm
Schroda
Wreschen
Ohlau
Strehlen
Grottkau
Falkenbg.
Münsterbg.
Frankenstn.
Reichenbch.
Nimptsch
Gr. Strehlitz
Tarnowitz
Sieradz
Wielun
Zdunskawola
Turek
Konin
Kolo
Leczyca
Grulich
Hohenstadt
Jägerndf.
Freudenthal
Römerstadt
Mähr. Trübau
Müglitz
Mähr.-Neustadt
Bärn
Wigstadtl
Oderberg
Freistadt
Auschwitz
Biala
Altvater 1490

Alt-Schlesien

Alt-Schlesien

Architektur • Raumkunst • Kunstgewerbe

Herausgegeben und eingeleitet von
Richard Konwiarz

Lichtbildaufnahmen von
Heinrich Goetz

Mit 478 Abbildungen und Plänen

Bechtermünz Verlag

Lizenzausgabe mit Genehmigung
des Stürtz Verlag GmbH, Würzburg
für Bechtermünz Verlag im
Weltbild Verlag GmbH, Augsburg 1997

Umschlaggestaltung: Peter Engel, München
Gesamtherstellung: Westermann-Druck Zwickau GmbH
Printed in Germany
ISBN 3-86047-177-5

Vorwort zur Neuausgabe

Nein, das Slask von heute ist nicht mehr das Schlesien von gestern, ehegestern und einst, wie wir Schlesier (und mit uns alle Freunde des »zehnfach interessanten Landes«) es in liebevoll-verklärender, schmerzlich-weher, heimatseliger und -sehnsüchtiger Erinnerung haben – und kann und wird es nie mehr werden.

Wroclaw heute ist nicht mehr »unser« Breslau, Zielona Gora nicht mehr »unser« Grünberg, Opole nicht mehr »unser« Oppeln, Boleslawice nicht mehr »mein« Bunzlau, auch dann und dort nicht, wo selbst die Steine noch von der österreichischen, preußischen, der jahrhundertelangen deutschen Vergangenheit dieses Landes, seiner Städte und Dörfer, reden; selbst dann und dort nicht, wo seine altvertrauten Gebäude, seine Burgen und Schlösser, Kirchen und Dome, seine Rathäuser und Marktplätze, Bürger- und Adelshäuser, Brunnen und Denkmäler äußerlich scheinbar unversehrt die Zeiten überdauert haben oder wo sorgsame, aufwendige Restaurierung nach alten Plänen, erhaltenen Vorlagen, genauen Stichen wenigstens die Fassaden wiederhergestellt und erneuert hat.

Die schlesische Landschaft ist weithin die alte geblieben, fast unberührt vom Wechsel der Zeitläufte, das Riesengebirge auch unter anderem Namen noch immer ein Riesengebirge, die Heide die Heide, das fruchtschwere Mittagsland ein gesegnetes Gebreite wie ehedem; die Oder fließt noch immer zum Meer; die Schneekoppe reckt ihren Gipfel wie einst; und zwischen Birken und Weiden, über Feldwegen, gleiszerfahren, über Wiesengründen, Viehkoppeln, Ackerbreiten steigt hell in den Sommerhimmel noch immer das jubilierende Lied der Lerche: Das könnte einen schon närrisch machen vor Freude und trösten im Leid; denn bitter und schmerzhaft ist und bleibt die Erkenntnis und Einsicht, was wir unwiederbringlich verspielt, aufgegeben und verloren haben. Aber das Herz hängt daran, ein Leben lang, eine kurze Ewigkeit bis zum letzten Atemzug, hängt an dieser Landschaft, an diesem Lande, wo selbst der Wind anders schmeckte, die Luft anders durch die Gassen floß, das Licht weicher flutete und wo der Himmel sich höher und weiter wölbte: Land der Erinnerung, Land der Jugend, Land der Kindheit, Heimwehland des Herzens.

Mag der Verstand – aus politischer Hinsicht, aus leidvoller Erfahrung, aus den Erfahrungen erlebter, erlittener Geschichte, aus dem nüchternen Bewußtsein der Notwendigkeiten, aus der Erkenntnis eigener Schuld und Mitschuld an den Geschehnissen, Verbrechen, Taten und Untaten dieses Jahrhunderts und unseres Volkes, aus Hoffnung und Sehnsucht nach Versöhnung zwischen den Völkern – dem Verzicht auf die einstige Heimat – wenn auch unter Tränen, geweint und ungeweint – zustimmen, den Verlust bewußt bejahen und ihn als Beitrag zur erhofften Freundschaft, zum endlichen, dauerhaften Frieden unter den Völkern Europas verstehen und tragen, so läßt sich das Herz, das dumme, einfältige Herz, doch nicht befehlen, lassen sich die tausendfältigen Bilder der Erinnerung nicht aus der Seele drängen, bleibt die Wunde und schmerzt und schmerzt ...

Dies alles hat nichts mit Revanche, mit einem neuen »Ritt gen Osten«, nichts mit überholtem, übersteigertem Nationalismus zu tun. Die aus ihrer Heimat vertriebenen, verdrängten, ausgewiesenen, geflüchteten, verstoßenen Söhne des Volkes sind gefeit gegen neue Verlockungen und Verführungen; ihr Heimat-, ihr Gewalt- und Racheverzicht von 1950 war und ist ehrlich gemeint. Sie wissen, daß sich das Rad der Geschichte nicht zurückdrehen läßt – auch nicht mit Macht und Gewalt; sie wissen, daß sich die Zeit nicht anhalten läßt; sie wissen, daß die mehr als drei, fast vier Jahrzehnte seit 1945 neue Heimatrechte geschaffen und so viel Veränderungen, so viele Wandlungen, so tiefgreifende Umgestaltungen gebracht haben wie kaum ein gleichlanger Abschnitt und Zeitraum irgendwann zuvor in der Geschichte.

Die Probe aufs Exempel bietet – wieder einmal, hier aber in ganz besonders eindringlicher, anschaulicher, überzeugender Weise – das um 1910 von dem Breslauer Oberbaurat Richard Konwiarz, dem hervorragenden Restaurator und zugleich guten Kenner der geschichtlichen Voraussetzungen des Breslauer Rathauses, herausgegebene und eingeleitete, fast 500 ganz vorzügliche Aufnahmen von Heinrich Goetz präsentierende, in der Auswahl und Darbietung der Meister-Lichtbilder einmalig schöne, prachtvolle Werk »Alt-Schlesien – Architektur, Raumkunst, Kunstgewerbe.«

Einzelne Ansichten, Einsichten, Urteile, manche Begründungen, Deutungen und Erklärungsversuche des Herausgebers Richard Konwiarz in seinem fast 20 Druckseiten langen Einführungstext »Alt-Schlesien« mögen überholt, von der Kunst- und Kulturgeschichte in Einzelheiten korrigiert, revidiert, relativiert worden sein; Günther Grundmann, der letzte Provinzialkonservator der Kunstdenkmäler Niederschlesiens von 1932 bis 1945, Ludwig Burgemeister, Ernst Schreyer, Franz Landsberg – um hier stellvertretend ein paar Namen zu nennen – haben in ihren Beiträgen zur schlesischen Kunst- und Kultur-, Bau- und Architektur-, Denkmals- und Landesgeschichte gewiß manche Akzente anders gesetzt, manche Einzelheiten anders gesehen, manche Details anders beurteilt und gewertet: die Forschung ist weitergeschritten.

Aber dennoch ist Richard Konwiarz Leistung nicht »überholt«; seine Darstellung hat ihre Gültigkeit behalten bis heute. Sie zeichnet sich durch den großen Atem des Einleitungsessays aus, durch die bewundernswerte Fähigkeit des Autors, die Fülle der Einzelheiten, Eigenheiten, Merk- und Besonderheiten schlüssig in das überschauende große Ganze schlesischer Kultur-, Geistes- und Kunstgeschichte einzuordnen, durch die Bereitschaft des Verfassers, über die Fülle und Vielfalt das Gemeinsame nicht zu vergessen und, abseits der gerade um die Jahrhundertwende auch in diesem Bereich zu beobachtenden nationalen Überheblichkeit, in strenger Sachlichkeit, wissenschaftlicher Zuverlässigkeit, liebevoller Zuneigung einen noch heute überaus anregenden, lesens- und bedenkenswerten, nachdenklich stimmenden, in der großen Summe gültigen Einblick und Überblick zu vermitteln.

Bei Konwiarz kann man lernen und verstehen, was das Spezifische, das Eigentümliche, das Besondere, das Herausragende schlesischer Kunst zwischen dem 13. und 18./19. Jahrhundert ausmacht, was Schlesien seinen besonderen Platz innerhalb der deutschen Kultur- und Kunstlandschaften sichert, wie es sich von ihnen unterschied, wo es eigene Formen entwickelte, wo es – bedingt durch seine kulturgeographische Lage – aus allen vier Himmelsrichtungen Ideen und Gestaltungsmöglichkeiten übernahm.

Richard Konwiarz »Gang durch die Geschichte« zeigt dies alles beispielhaft auf: in den Bauten der Gotik, in den Ausformungen der Renaissance, im strahlenden schlesischen Barock, in den Zeugnissen des Klassizismus, des preußischen Stils, des Berliner Rokoko . . .

Wie reich, wie schön, wie vielgestaltig war dieses Schlesien; und es ist wohl wahr, daß wir die Heimat eigentlich erst dann entdeckten, als wir sie äußerlich verloren hatten. Schlesien als geistiger Besitz, Schlesien als geistige Heimat: In diesem Buche kann und wird man sie wiederfinden und erst recht den Verlust begreifen, den Schmerz spüren . . .

In den Bildern dieses Buches, in den wahrhaft meisterlichen Aufnahmen des Lichtbildners Heinrich Goetz wird die schlesische Kunst-, Kultur-, Geisteslandschaft dokumentiert, übrigens schon damals – 1910 – in der Absicht, das noch Bestehende, das noch Erhaltene, das noch Vorhandene, das über die Zeiten Herübergerettete vor planerisch-baulicher Unvernunft, vor Gleichgültigkeit der Zeitgenossen, vor Abriß, Zerstörung, Verlust und Vernichtung zu bewahren, es für die Zukunft zu erhalten und zu schützen: Denkmalschutz, Umweltschutz, Heimatpflege 1910.

So wie Heinrich Goetz damals die schlesischen Städte, Plätze und Gebäude fotografiert hat, »daß sie körperlich auf die Sinne der Anschauenden wirken und nachhaltige Eindrücke hervorrufen«, so haben die Älteren unter uns, so haben wir Jüngeren sie noch gekannt und geliebt: Zwischen 1910 und 1930, ja noch bis 1945, hat sich an diesen Bildern, hat sich an der schlesischen Wirklichkeit nichts Wesentliches geändert. Es ist, als wären die Uhren Schlesiens damals langsamer gegangen. So jedenfalls, wie Goetz zum Beispiel 1910 die Häuser am Bunzlauer Ring – mit der »Kgl. priv. Stadt-Apotheke« neben dem Schwibbogen, mit Krauses »Cigarren«-Geschäft, mit J. Picks feiner Textilien-Handlung (Matrosenanzüge im Schaufenster), mit der regennassen Zollstraße, mit dem holprigen Kopfsteinpflaster des Marktplatzes, mit den schönen Barockgiebeln, mit der ganzen liebenswerten Verschlafenheit der Kleinstadt – fotografiert hat, so habe ich sie noch aus den Vorkriegs-, aus den Kriegsjahren unvergeßlich in Erinnerung. So wie 1910, so sind sie gewesen und geblieben, bis die Schlesier Schlesien verlassen mußten.

Wer heute nach Slask kommt, wird die Veränderungen, wird den Wandel der Stadt- und Dorfbilder schmerzlich spüren und wird registrieren, daß die einstige Heimat ihm fremd geworden ist, daß er hier nur noch Gast, nur noch Tourist sein kann. Es sind eben letzten Endes doch nicht die Steine, die Häuser, die Kirchen, die Schlösser, die ein Land zur Heimat machen; es sind die Menschen, die Freunde, die Nachbarn, die sie mit Leben füllen. Es ist der unaufhaltsame Ablauf der Zeit, der in den letzten Jahrzehnten seit 1945 die Orte – und nicht nur die des unvergessenen Schlesien von einst – bis zur Unkenntlichkeit, ja Fremdheit verändert, umgestaltet, verwandelt, ihr vertrautes Gesicht zerstört hat; dazu bedurfte es nicht allein der politischen Veränderungen der Landkarte. Käme ein Schlesier nach fast vier Jahrzehnten in der Fremde in seinen einstigen, bis heute deutsch gebliebenen Heimatort zurück: er käme sich genauso fremd vor wie in den Städten und Dörfern des heute polnischen Slask. Einem Kölner, einem Münchener, einem Hamburger, einem Berliner oder Wiener, ja selbst einem Mayener oder Pfarrkirchener ginge es nach langer Abwesenheit heute mit seiner Heimatstadt ähnlich: Das Bild der Erinnerung und die Realität der Gegenwart fügen sich nicht ohne Brüche zu einem heilen Ganzen: die Zeiten sind andere geworden; wir sind andere geworden; die Uhren sind weitergegangen; die verlassenen Gärten sind neu erblüht; die verlorenen Räume haben sich mit neuem Leben gefüllt; die Städte und Dörfer, die wir aufgeben mußten, sind keine Museen geblieben; und das ist gut so.

Wer freilich sein in der Erinnerung unversehrt und unvergänglich erhaltenes Schlesien wiederfinden, wer den im Wandel unwandelbaren Bildern der Heimat im Herzen wiederbegegnen, wer sich selbst suchen und finden möchte, der wird dies alles in den Bildern dieses Buches entdecken können: Man kann nicht aufhören, zu blättern, zu betrachten, die Gedanken wandern, die Erinnerungen aufsteigen zu lassen: So schön war Schlesien? So reich war die schlesische Heimat?

Ja, so schön, so reich ... Ach, was haben wir verloren, wir Schlesier, wir Deutschen ...

Was tut's, wenn die Seiten und Bilder dieses Buches mit Tränen genetzt werden: Es war unsere Heimat, unser Leben; und das Herz, das dumme, einfältige, schlesische Herz, es hängt daran ...

Hajo Knebel

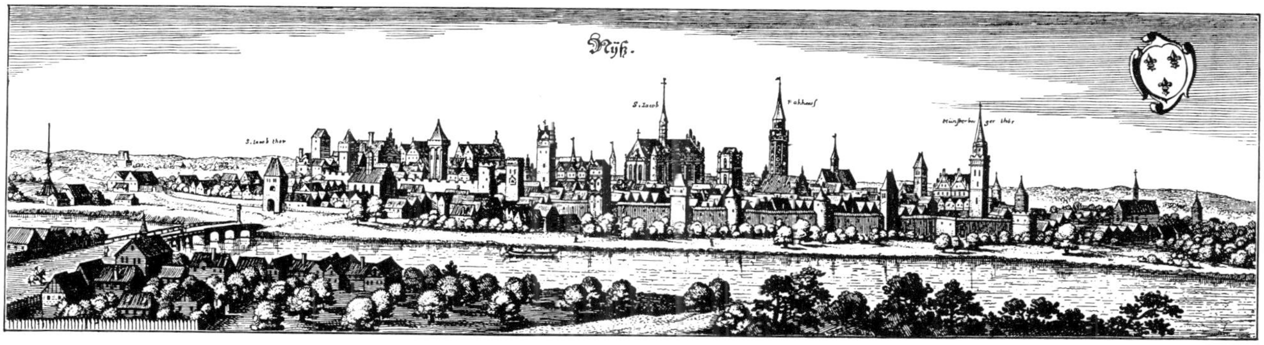

Die Stadt Neiße im Jahre 1650
Nach einem Stich von Merian

ALT-SCHLESIEN

Schlesien, das infolge seiner Lage zwischen den Kulturländern des Ostens und des Westens in wirtschaftlicher und kultureller Hinsicht von jeher eine hervorragende Rolle spielte, verlor im Anfange des 18. Jahrhunderts durch das Erstarken Rußlands viel von seiner Bedeutung. Erst Friedrich der Große, der um den Besitz dieser vernachlässigten Provinz drei schwere Kriege führte, hob das Land wieder zu neuer Blüte, indem er seine Hilfsquellen öffnete, Industrie und Bergbau förderte und mit einer ins einzelne dringenden Sorgfalt für die Einführung geordneter Verhältnisse Sorge trug, die für eine höhere Kultur die Vorbedingung sind. Seitdem steht Schlesien in wirtschaftlicher und kultureller Hinsicht mit an der Spitze der preußischen Provinzen, unter denen es auch in landschaftlicher Beziehung einen bevorzugten Platz einnimmt.

So wechselvoll wie Schlesiens Kulturgeschichte, so reich und mannigfaltig sind auch die Naturschönheiten dieses Landes, wie das Iser- und Riesengebirge, das Waldenburger Gebirge, das Glatzer Bergland, der Zobten und die schlesische Ebene mit ihren mannigfaltigen Landschaften an der Oder und deren Nebenflüssen. Schlesiens kulturelle Bedeutung beginnt mit der Einwanderung deutscher Zisterzienser und Kolonisten vor 700 Jahren. Schlesiens Volkstum ist entsprechend dieser Zuwanderung, die aus den verschiedensten deutschen Stämmen erfolgte, ein ganz eigenartiges, ein Gemisch von Ansiedlern sächsischen, fränkischen und thüringischen Blutes, durchsetzt mit den rückwirkenden Einflüssen, die das verdrängte slavische Element ausübte. Derartige Beimischungen zeigen sich noch heute in Sitten, Trachten und Sprache, vor allem aber in der volkstümlichen Bauweise.

* * *

Bereits im 13. Jahrhundert wird zahlreichen Städten und Dörfern deutsches Recht verliehen, da sich ein großer Kolonistenstrom aus dem Süden und Westen Deutschlands nach der neuen Grenzmark ergoß, die hier von christlichen Fürsten slavischer Abstammung in richtiger Erkenntnis von den Vorzügen deutscher Kultur gegen den slavischen, heidnischen Osten errichtet worden war. Die fürstlichen Residenzen, in erster Linie Breslau, ferner Brieg, Neiße, Oels und Glogau, gleichwie die damaligen Klostergründungen bildeten bis in das 18. Jahrhundert hinein Kulturmittelpunkte, in denen sich auch die Baukunst einer kräftigen Entwicklung erfreuen konnte.

In einer für damalige Verhältnisse überraschend kurzen Zeit waren viele der neu gegründeten Städte, dank der Fürsorge ihrer Fürsten und durch die Tatkraft ihrer Kolonisten, zu Gemeinwesen angewachsen, die in wirtschaftlicher Bedeutung und politischer Ausgestaltung der Gemeindeverfassung jeden Vergleich mit den Verhältnissen in den alten Städten des deutschen Reiches auszuhalten vermochten. Görlitz, Liegnitz und Glogau entwickelten sich bald zu bedeutenden Handelsplätzen. Breslau wurde der wichtigste Stapelplatz zwischen Ost und West und spielte vom 14. bis zum 16. Jahrhundert als machtvolle Handelsrepublik eine glänzende Rolle.

Alle diese Kolonisationsgründungen sind nicht nur als Lebensnotwendigkeiten beachtenswert, sondern in ihren besonderen architektonischen Ausdrucksformen auch künstlerisch überaus wertvolle Gebilde, auf die immer wieder hingewiesen werden muß. Es verlohnt sich daher an Hand der Planskizzen das Werden schlesischer Stadtbildung zu verfolgen und zu studieren, wie die tatkräftigen deutschen Kolonisten unter dem Schutz der Piasten ihre Städte anlegten, um dort, geborgen gegen Gefahren, ihr Dasein zu verbessern.

Derartige alte Stadtbauformen sind wie aus einem Guß geschaffen. Eine gerundete Gesamtform wird durch ein Netz regelmäßiger, sich rechtwinklig kreuzender Strassen, die in der Mitte einen Platz von Baublockgröße einschließen, aufgeteilt. Da diese Gründungen in der Periode der Gotik entstanden, werden die Regelmäßigkeit und Klarheit ihrer Grundrißdispositionen durch ähnliche Bestrebungen des schon in Blüte stehenden

Kirchenbaues besonders verständlich gemacht. In einigen Fällen haben Kirchen schon vor der Anlage der Stadtplanung bestanden, wie z. B. in Breslau (S. 2) und Liegnitz (S. VII), woraus sich die vereinzelt vorkommende Situierung des Stadtplanes nach den vorhandenen Pfarrkirchen erklärt. Bei einer anderen Planform, die z. B. Neumarkt und Liebental (S. 6) zugrunde liegt, ist die langgezogene Rundung durch eine sich in der Mitte zu einem Platz ausbauchende Strasse in der Längsachse geteilt. Es ist dies die Handelsstraße, die hier ohne Unterbrechung durch die Siedelung geführt wird, während bei Städten, die nach der Schachbrettform angelegt wurden, die Handelswege sich vielfach nach mehreren Richtungen verzweigen. Beide Male aber bilden die Städte die in jenen unsicheren Zeiten notwendigen, durch Mauern gesicherten Halte- und Rastpunkte des schlesischen Großhandels.

Die regelmäßige Gestaltung des Stadtplanes wurde durch die Lage der meisten Städte in der Ebene begünstigt. Dort wo eine Anlehnung an Berge oder vorhandene Burganlagen geboten erschien, hat man die strenge Regelmäßigkeit verlassen, wie z. B. in Glatz (S. IX), das sich zweiseitig an den Burgberg lehnt, aber ebenso wie die obenerwähnten Anlagen in Neumarkt und Liebental in seiner Gestaltung ein sicheres Hinsteuern auf Zweckmäßigkeit verrät. Beide Planungen, die regelmäßige wie die unregelmäßige, zeigen auch in ihren Einzelheiten mannigfaltige, stets interessante Bildungen. So schließen sich, um nur auf ein Beispiel kurz hinzuweisen, an zwei Ecken des großzügig angelegten Breslauer Ringes kleinere Plätze an, von denen der eine im Mittelalter als polnischer Marktplatz benutzt wurde, während auf dem anderen die Pfarrkirche steht (S. 21). Diese Stellung der Pfarrkirche auf einem Platz, der sich an eine der Ecken des Marktes oder Ringes anschloß, ist häufig Regel.

Auch in der Führung der Straßen lassen sich naturgemäß allerlei Verschiedenheiten beobachten. In den weitaus meisten Fällen verlaufen sie von Tor zu Tor und schneiden sich rechtwinklig auf dem Marktplatz. In Namslau und Frankstein zum Beispiel vereinigen sich zwei parallele Straßen vor einem Tore, wodurch eine leichte Krümmung der Straßenführung entsteht.

* * *

Es ist verständlich, daß die öffentlichen Bauten unserer alten Städte, die Kirchen, Rathäuser und Wehrbauten, entsprechend der zunehmenden Macht und dem steigenden Wohlstand des Bürgertums so prächtig wie möglich und in Grössenverhältnissen, die auch heute noch unsere Bewunderung erregen, errichtet wurden. Die meisten der gotischen Stadtkirchen, die in massiger Größe das Stadtbild beherrschen (was uns die alten Prospektzeichnungen so eindrucksvoll wiedergeben), stammen aus der Zeit Karls IV., unter dessen fürsorglicher Regierung sich namentlich der Handelsverkehr stark entwickelte.

Bei den vorhandenen Kirchen basilikaler Anlage mit geräumiger Innenwirkung beansprucht vor allem die Ausbildung der Giebel vermehrtes Interesse. Bis auf die Höhe der Gewölbeansätze ungeteilt flächig behandelt, löst sich der Spitzgiebel von da ab in übereckgestellten und abgestuften Pfeilern, Fialen und reichem, geometrischem Füllwerk auf, und gibt so der ganzen Fassade eine lebhafte Plastik. Ihre starken malerischen Reize verdanken die vielgestaltigen einschiffig-kreuzförmigen Kirchen der eigentümlichen Stellung ihrer zierlichen Glockentürme. Mehr monumental angelegt sind die hochaufstrebenden, die Stadtsilhouette beherrschenden sogenannten Hallenkirchen, im Grundriß dreischiffig (z. B. Striegau, Breslau, Neiße), ausnahmsweise fünfschiffig, wie in Görlitz. Meist ist die Innenwirkung durch die überstarken Pfeiler allzu massig, fast schwerfällig. Die Pfarrkirchen in Neiße, Striegau und Görlitz z. B., deren Raumwirkung infolge freierer Pfeilerstellung an sich schon luftiger ist, machen hiervon Ausnahmen und gehören zu den besten Werken ostdeutscher Gotik.

Eigentümlich ist diesen Bauten nicht Reichtum an Gliederung und Ausschmückung, sondern straffe Geschlossenheit und massiger Aufbau (S. 31, 84, 87). Die Vertikaltendenz, die im Innern der Hallenkirchen so deutlich zur Geltung kommt, geht oft Hand in Hand mit einer eindringlichen Vorherrschaft der Horizontalen im Äußeren, was wohl durch das Material veranlaßt wird. Die Kraft des Backsteins liegt mehr in ruhigen Massen. Die großen dunklen, mit schwarz glasierten Steinen durchsetzten Flächen wirken mächtig und zugleich schön.

* * *

Ziemlich viel ist uns in einigen Städten von den umgürtenden, alten Stadtmauern erhalten (vgl. S. 86). In den Tortürmen, die den Eingang zur Stadt beherrschten und schützten, haben die Alten so recht ihre Macht und ihren Reichtum zur Geltung bringen wollen (S. 15). Durch meist unnötige Freilegung haben diese Bauten viel von ihrer Eigenschaft als Plätze und Straßen abschließende Elemente eingebüßt. Geschickt sind dagegen in einigen Fällen die alten Befestigungsanlagen heute zu Gärten benutzt, oder die Wallringe zu schattigen Promenaden ausgebaut werden

Genügte der mittelalterlichen Verteidigungskunst zunächst eine Umwallung mit Doppelmauer und Graben, ging man doch bald daran, diese Wehr durch Vermehrung der Türme (Liegnitz hatte z. B. 30) zu verstärken und wußte später dann durch Anlage von Vorschanzen und Außenforts auch den Forderungen einer fortgeschritteneren Kriegstechnik zu entsprechen (S. VII).

Neben den die Straßen abschließenden Tortürmen wurden noch mehr die Kirchen im Stadtplan zu Straßen und Plätzen derart in Beziehung gebracht, daß sie diese zu ansprechenden Bildern zusammenschließen. Doch gibt es auch vorzügliche Städtebilder, die nicht durch monumentale Bauwerke, sondern durch wirkungsvoll ausgebildete Bauten bescheidenster Art ihren Charakter

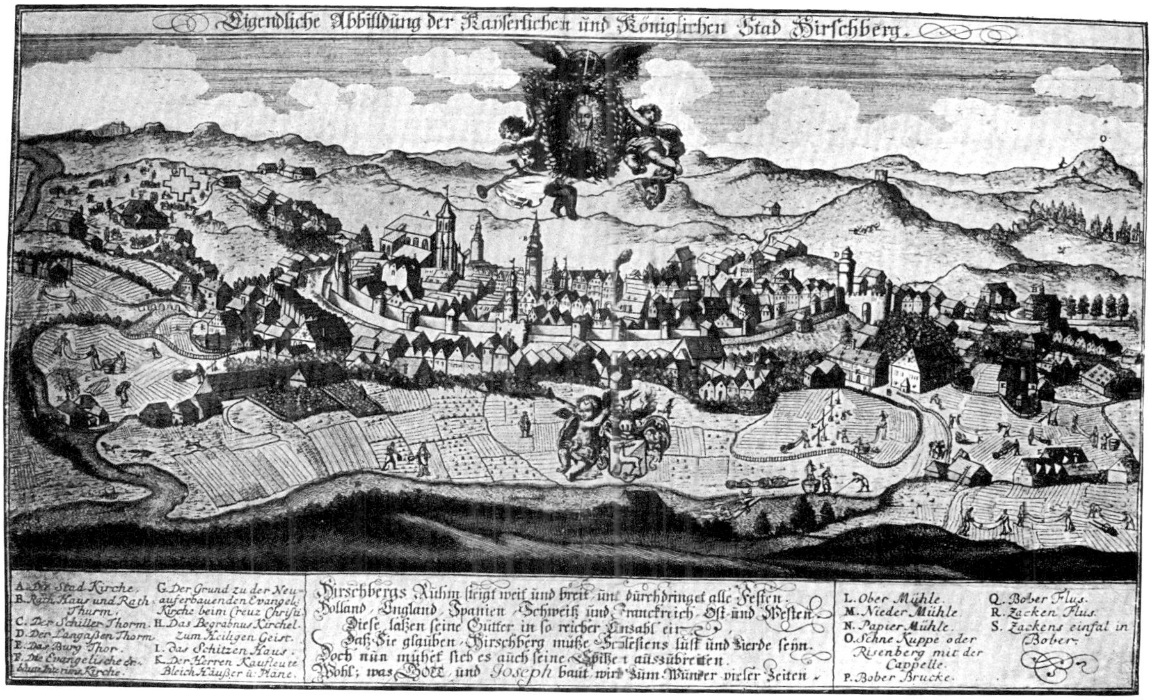

Hirschberg aus der Vogelschau, 17. Jahrh.
Nach einem Plan in der Stadtb bliothek zu Breslau

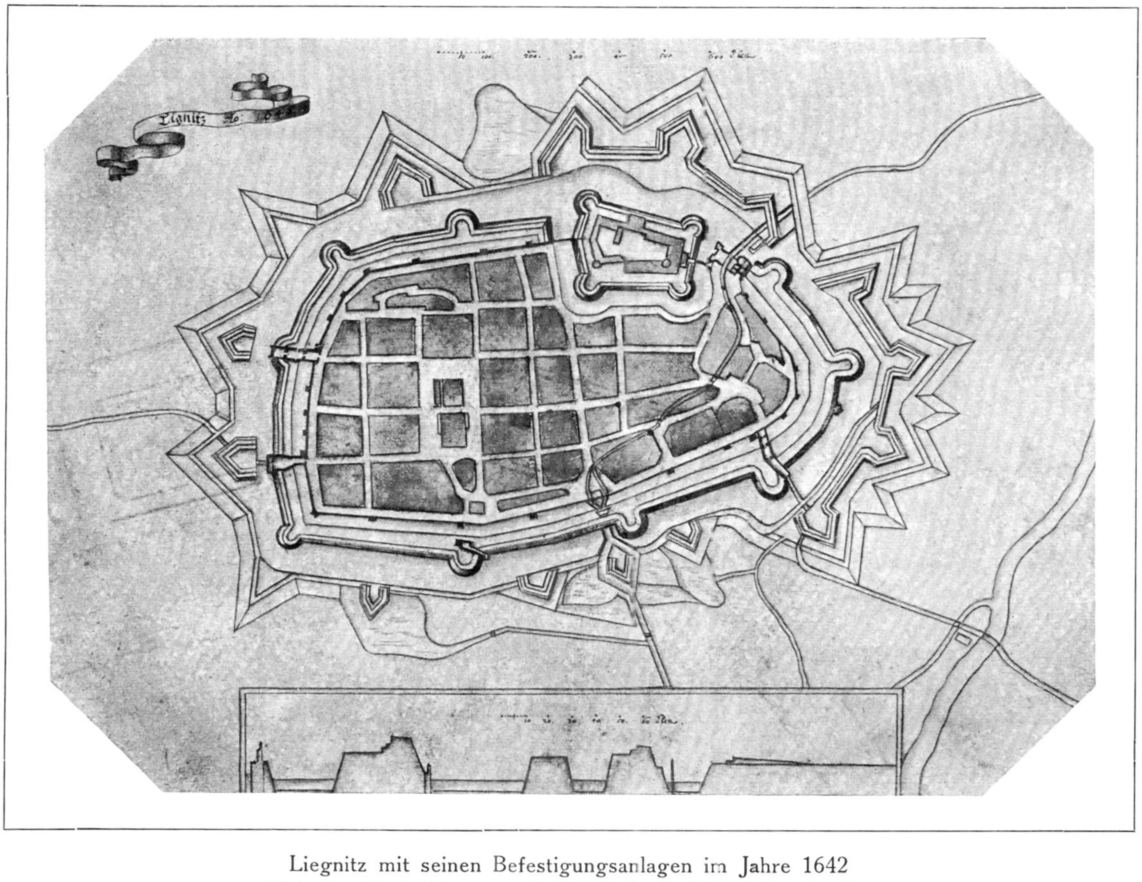

Liegnitz mit seinen Befestigungsanlagen im Jahre 1642
Nach einer Handzeichnung von Saebisch in der Stadtbibliothek zu Breslau

erhalten (vgl. S. 3). Zu Bunzlau (S. 38) ist es ein Haus mit einem breiten Durchgangsbogen in dem der Blick einen Abschluß findet. In Neiße wird das Straßenbild durch das gewaltige Langhaus der Pfarrkirche geschlossen (S. 14); in Görlitz geschieht dies durch die schlanken Türme der Peterskirche. Oft genügt nur eine leichte Krümmung der Straßenwand auch ohne besonders betonten Abschluß, um reizvolle Straßenbilder entstehen zu lassen.

Ein Mittel, das die alten Baumeister häufig benutzten um Straßenbilder wirkungsvoller abzuschließen, bestand darin, daß ein Gebäude am Ende der Straße so vor die Straßenflucht geschoben wurde, daß sie dadurch räumlich abgeschlossen erschien. In der Regel entsteht so kein monumentaler Abschluß, sondern es wird nur die Absicht, die Straße in veränderter Form weiter zu führen, verwirklicht, wie z. B. in Görlitz (S. 32), wo der Fahrweg, links abbiegend, seine Fortsetzung im Untermarkt findet, der Fußweg aber durch die Laubengänge weitergeführt wird. Ein anderes Beispiel zeigt das Bild aus Breslau (S. 9), wo die gegen die schmale Gasse vorgeschobene Flucht des Neumarktes den Durchblick schließt und doch zugleich auch auf den großen Platz überleitet.

Bei sehr langen geraden Straßen bleibt ihr Bild ihrer ganzen Länge nach das gleiche; die starke perspektivische Verjüngung, in der die Gebäude sichtbar werden, vernichtet jedes Interesse, das sie sonst etwa erregt hätten. Der Gefahr, dadurch allzu eintönig zu werden, versuchte man durch eine verständnisvolle Unterbrechung der Bauflucht wenigstens einigermaßen zu begegnen. Wie die Bilder aus Breslau (S. 99) zeigen, fügte man Gebäude von größeren Abmessungen z. B. Kirchen in die Straßenflucht ein und brachte so eine wohltuende Abwechslung in das Straßenbild.

* * *

Der Ring oder Marktplatz, eine der wichtigsten Stadtbauformen, der Mittelpunkt der Stadt, der zugleich durch das auf ihm erbaute Rathaus zum Brennpunkt des gesamten öffentlichen Lebens wird, hat auch in Schlesien eine oft hervorragend interessante Ausbildung erfahren. Und fürwahr, die Alten haben es verstanden, ihm den Stempel selbstbewußten Bürgertums und opferbereiten Gemeinsinnes durch ihre hohen Giebelhäuser, die prächtigen Rathäuser und Pfarrkirchen aufzudrücken; denn letztere sind in vielen Fällen durch ihre schon früher angedeutete Lage am Ringe oder in seiner nächsten Nähe mitbestimmend für die Gesamtwirkung der Marktplätze. Selbst die sich auf ihm kreuzenden, aber meist in den Ecken einmündenden Straßen haben nicht vermocht, die geschlossene Platzwirkung zu zerreißen.

Ein schönes Bild eines Kleinstadtringes zeigt z. B. das freundliche Liebental (vgl. S. 6). Hier bildet die durchgehende Verkehrsstraße, leicht gekrümmt, die Fortsetzung des in die Länge gezogenen Ringes. Über seinen niedrigen, breit gelagerten Häusern baut sich der barocke Giebel der Klosterkirche auf, der durch seine außerordentlich gute Lagerung in der Gesamtsituation einen nachhaltigen Eindruck hervorruft. Zu bedauern sind dagegen gerade bei diesem Bild die in der Laubenreihe sich vordrängenden, maßstabslosen Mietskasernen. Neu und besonderer Art ist auch die Stellung des kleinen Rathauses, das, günstig gelegen und in etwas größeren Verhältnissen als die Wohnhäuser, auf dem Gesamtbilde stark in den Vordergrund tritt, damit die Tiefenwirkung verstärkt und überdies dem unteren Ringe als Abschluß dient. Geradezu vorbildlich sind in Liebental die Brunnen angeordnet (vgl. S. 7). Sie bilden alle ohne Ausnahme stimmungsvolle Bereicherungen der schönen Straßen- und Platzbilder.

In der Erscheinung des Hirschberger Ringes, wie auch z. T. des Neißer, Schweidnitzer und Greiffenberger, wird die Einheit des Gesamtbildes ganz wesentlich durch die rhythmische Gliederung der Platzwände bestimmt. Ein gemeinsames Hauptmotiv sind in Hirschberg (S. 29) die auf allen Seiten vorhandenen Laubengänge, die durch ihr einheitliches Relief die Harmonie des Fassadenausdrucks noch mehr betonen. Das friderizianische Rathaus in seiner absolut beherrschenden Wirkung schließt alles zu räumlicher Einheit zusammen. Überall finden wir ein lebendiges traditionelles Gefühl der Unterordnung unter eine höhere bauliche Gesamtheit. Vernünftig gehandhabte Bauordnungen mögen beigetragen haben, die Kraft der Tradition zu unterstützen.

Görlitz bietet uns in seinem Untermarkt eines der schönsten Beispiele guter städtebaulicher Gestaltung. Er ist, ähnlich wie einige andere schlesische Marktplätze, durch einen interessant gegliederten Häuserblock, der u. a. das ehemalige Waghaus und das neue Kaufhaus umschließt, in zwei Plätze zerlegt. Der südliche Teil, an dem das alte Rathaus steht, wird im Zuge der durchgehenden Verkehrsstraßen zweiseitig von Lauben begleitet, die ständig wechselnde, stimmungsvolle Durchblicke gestatten (S. 17) und dem Ganzen einen stark architektonischen Charakter verleihen. Reizvolle Einzelheiten, wie die prächtige Rathaustreppe (S. 26) und ein gut gestellter Laufbrunnen verstärken die eindringliche Wirkung.

Der Untermarkt zu Görlitz ist auch ein Beispiel dafür, wie trefflich in früheren Zeiten Neues dem Alten angepaßt wurde, wie Renaissance und Barock es verstanden haben, die in jedem Stil liegende Möglichkeit der Unterordnung unter den herrschenden Baugedanken auszunützen, ohne dabei auf selbständige Durcharbeitung in ganz persönlicher Weise zu verzichten. Ähnliches zeigt auch ein Teil des Breslauer Ringes, dort, wo sich Naschmarkt- und Siebenkurfürstenseite mit der hochstrebenden Elisabethkirche zu einem Bilde von stärkster monumentaler Wirkung zusammenschließen (S. 4). Die durchaus berechtigte Größensteigerung vom einfachen Kleinbürgerhaus zum stolzen Kaufmannshause und dann

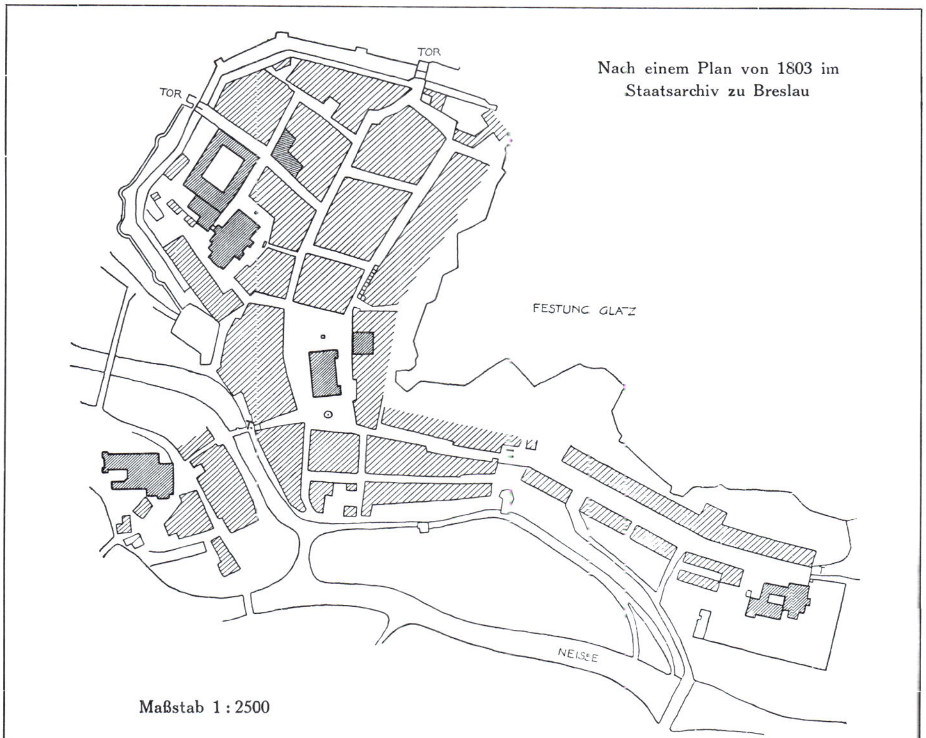

Glatz. — Oben: Ansicht aus der Vogelschau vom Jahre 1737. Aus Pompejus, Album der Grafschaft Glatz in der Breslauer Stadtbibliothek. — Unten: Stadtplan

zur alles beherrschenden Pfarrkirche wird am besten in der Form der Fensteröffnungen und in der Ausbildung der Dächer veranschaulicht. Dazu kommt der starke Kontrast zwischen dem Turm mit seiner vertikalen Tendenz und dem Langhause mit seiner horizontalen. Zu beachten ist auch die starke Wirkung, die sich aus den Gegensätzen der kubischen Größenverhältnisse von Kirchhofeingang, Langschiff und Turm ergibt. Diese bewunderungswürdigen, städtebaulichen Schonheiten, aus der traditionellen Entwickelung der alten Städte hervorgegangen, sind unter anderen, jetzt überholten Lebensbedingungen entstanden. Obwohl ihr Studium die Voraussetzung für ein richtiges Verständnis der Materie ist, darf heute doch nicht vergessen werden, daß unsere Zeit für ihre Gedanken auch neue Formen der Schönheit finden muß, die unseren heutigen Lebensbedingungen vollkommen entsprechen. Die alte Tradition ist verloren gegangen. An ihre Stelle müssen bewußte Regeln der Baukunst treten, Regeln, die, wie wir gesehen, auch von den alten Gesetzen des baukünstlerischen Gestaltens unserer engeren Heimat trefflich abgeleitet werden können.

* * *

Das Bürgertum und seine organisierten Gemeinwesen haben in den Rathäusern wie in anderen öffentlichen Bauten schon früh Beweise ihrer aufstrebenden Macht gegeben. Und selbst im 15. Jahrhundert, als die wirtschaftliche Kraft des Bürgerstandes infolge des Niederganges von Handel und Gewerbe durch die unruhigen Kriegszeiten äußerst geschwächt war, fand doch der opferbereite Gemeinsinn Mittel, eine Reihe von jetzt noch zu uns sprechenden Baudenkmälern zu errichten und es zu erreichen, daß z. B. Breslau schon zu dieser Zeit zu den schönsten Städten Deutschlands gerechnet wurde. Diesen Ruhm verdankt es nicht zum wenigsten seinem Rathause, auch heute noch eines der bedeutendsten Werke gotischer Profanarchitektur. Im Mittelpunkt der Stadt gelegen, einseitig verbunden mit den angebauten ehemaligen Kammern der Krämer, vereinigt und bewacht es Handel und Verkehr auf dem Ringe, der zu alter Zeit mehr noch als heut Mittelpunkt des öffentlichen Lebens war (S. 21, 22).

Im Grundriß, besser noch im Aufbau, zeigt es sich, daß es aus drei neben einander gestellten Langhäusern besteht, deren Schmalseiten durch hochgeführte, prächtig ausgeschmückte Giebel begrenzt sind. Auf dieser bewegten Gruppenbildung beruht im wesentlichen der malerische Reiz des Bauwerks. An den Erkern (S. 23) und Hauptgesimsen hat der gotische Baumeister Vorgänge aus dem Volksleben in naiver plastischer Darstellung verwirklicht. Eine etwas andere Variation erhält die gotische Melodie der Fassade durch den um 1565, also im Zeitalter der Renaissance, erbauten Rathausturm. In ausgezeichneter Weise hat es der Renaissancebaumeister verstanden, das Fortissimo in der Gruppierung harmonisch dem Gesamtbilde einzuordnen. Seine aufgelöste Turmspitze, die in der Folge in Schlesien Schule gemacht hat, mutet fast als eine Fortsetzung gotischer Prinzipien an.

Die Entwickelung vom einfachen Kram- zum großen Verkaufshause zeigt uns das früher die ganze Westseite des Breslauer Ringes einnehmende sogenannte Leinwandhaus (S. 25). 1862 wurde es abgebrochen, nachdem es über 200 Jahre dem Leinwandhandel und vorher anderen kaufmännischen Zwecken gedient hatte. Die auf dem Bilde rechts stehenden, 1788 von K. G. Langhans erbaute Hauptwache ist auch ein Opfer dieser Zeit geworden.

Die gotische Baukunst verödete um 1500 und geriet allmählich in Verfall. Eine neue mächtige Strömung ging durch die Welt, die Renaissance, die in der Profanarchitektur eine vollständige Umgestaltung hervorrief, während die kirchliche Baukunst weniger davon berührt wurde.

Klassische Bildung holten sich die Schlesier in Padua und Bologna, was nicht weiter auffällt, wenn man bedenkt, daß die Handelsbeziehungen zu Italien, dem Ausgangspunkte der neuen Kunst, gerade in jener Zeit äußerst lebhaft waren. Gab es doch schon um 1400 über 60 Kaufleute aus Florenz und Venedig, die in Breslau ihre Vertretungen hatten.

Die an frühen Renaissancebauten bemerkbare Vermischung spätgotischer Formen mit den neu eingeführten lombardischen und florentinischen Renaissancegedanken lassen vermuten, daß einheimische Meister die neuen Ideen zuerst verwirklichten, obgleich sich auch sehr bald italienische Künstler betätigten.

Bildeten im Mittelalter die Kirchen die künstlerischen Mittelpunkte, so entstehen jetzt in den Rathäusern neue Zentren des öffentlichen Lebens und damit auch des baukünstlerischen Schaffens. Die Verschmelzung klassischer mit lokalen Formen, vor allem die ununterbrochene Weiterverwendung des hohen gotischen Daches, lassen diese Bauten trotzdem als bodenständig erscheinen. Ein Beispiel dafür ist vor allem das Görlitzer Rathaus, das nicht, wie sonst üblich, innerhalb eines aus Verkaufsbuden hervorgegangenen Häuserblockes steht, sondern eine den Untermarkt schließende Platzseite einnimmt. Neben dem bekannten malerischen Winkel der Rathaustreppe mit der Rednerkanzel (S. 26) sind besonders im Hofe der Gerichtslaubenerker (S. 27) aus dem Jahre 1564 und die strenge Pilasterarchitektur des Archivflügels (S. 27) anziehend.

Auch in der Innenausstattung des Rathauses mit ihren reich verzierten Holzdecken, bunten Kachelöfen und kostbaren Truhen und Schränken macht sich der wirtschaftliche Aufschwung und der Kunstsinn der Görlitzer Bürger damaliger Zeit bemerkbar. Was aber an dem Bau von Wendel Roßkopf stammt, dem bekanntesten schlesischen Renaissancebaumeister, der eine ausgedehnte Tätigkeit im Lande (Gröditzberg, Bunzlau, Breslau) ausgeübt haben muß, ist noch nicht genügend aufgeklärt.

Das 1570 von den am Hofe der Brieger Herzöge

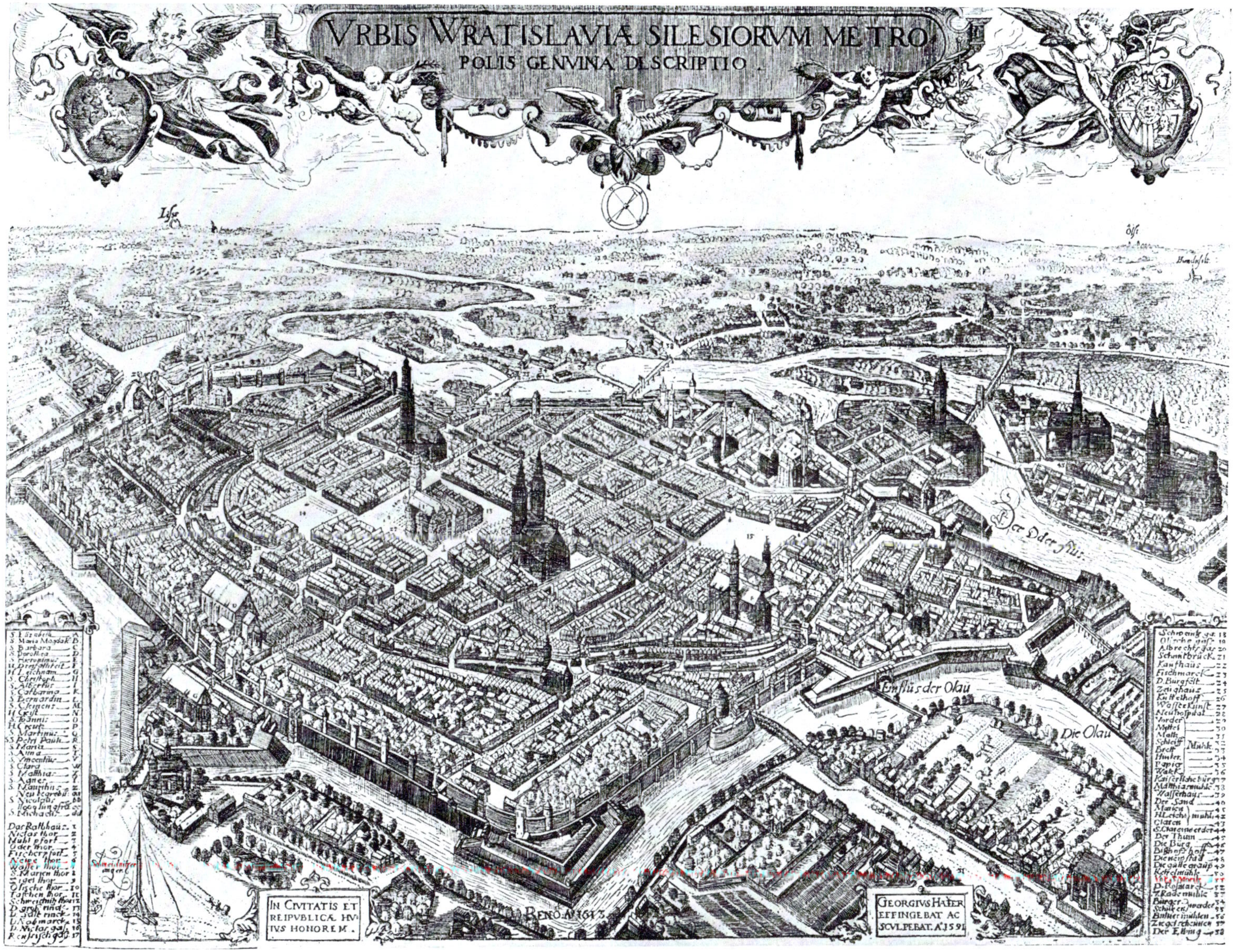

Breslau am Ende des 16. Jahrh. — Nach einem Kupferstich des Malers Georgius Hauer, 1591

Friedrich II. und Georg beschäftigten italienischen Architekten Jacopo Baar und Bernardo Niuron erbaute Brieger Rathaus (S. 28), ist ziemlich unverändert auf uns gekommen. Das hohe Dach und der aus der Gotik stammende, dekorativ umgestaltete Giebel, charakterisieren auch hier die schlesische Renaissancebaukunst. Die Baumassen sind außerordentlich geschickt gruppiert und bei aller Großzügigkeit doch im Maßstab zierlich und reizvoll.

Eine weitere Stufe der Entwickelung zeigt das zum Rathausblock gehörende Wagehaus in Neiße aus dem Jahre 1604 (S. 35). Hier ist der Giebel im Gegensatz zum einfachen Laubengang des Erdgeschosses durch Horizontalgesimse kräftig gegliedert und mit bildlichen Darstellungen, die erneuert worden sind, geschmückt.

Eines der schönsten Rathäuser dieser Zeit ist unstreitig das vor kurzem mit großem Geschick ausgebaute Rathaus zu Löwenberg (S. 24). Seine Erdgeschoßgewölbe haben noch spätgotische, reich verschlungene Sterngewölbe, sogenannte gewundene Reihungen, wie sie auch im Bunzlauer Ratskeller und im Schloß Gröditzberg zu finden sind.

Von den Rathäusern der Barockzeit sind schließlich noch das durch eine schöne, doppelseitige Freitreppe zugängliche Liegnitzer Rathaus (1737—40) mit charaktervoller Pilasterarchitektur und das, straffen preußischen Geist atmende Hirschberger Rathaus (S. 29) zu erwähnen.

Zahlreich sind die Laufbrunnen und Heiligenstandbilder, die in vielen schlesischen Städten Marktplätze und Straßenwinkel schmücken. Der Brunnenstock ist dann gewöhnlich eine beckentragende Säule oder aber ein mit wasserspeienden Delphinen besetzter Unterbau, den ein Neptun mit dem Dreizack, im Volksmund Gabeljürge genannt, oder sonst eine allegorische Figur krönt. So in Breslau, Hirschberg, Glatz und Neiße (S. 10). Der einfache Röhrenbrunnen findet sich noch vor allem häufig in der Grafschaft Glatz. Ein Meisterwerk der Schmiedekunst ist der aus der Spätrenaissancezeit stammende, vom bischöflichen Hofschlosser Helleweg 1686 geschmiedete „schöne Brunnen" in Neiße (S. 132), der einen ähnlichen Brunnen in Prag an Phantasiereichtum weit übertrifft. Sein filigranartiges, mit großer Fertigkeit gearbeitetes gußeisernes Netzwerk krönt der Doppeladler, der wie alle anderen figürlichen Darstellungen vergoldet ist.

Mit großer verständnisvoller Liebe sind auch Marienstatuen und andere Heiligendenkmäler mit reichen Barockformen geziert und in malerischem Aufbau aufgestellt worden. Durch ihre dekorative Ausgestaltung wie ihre zarte Gliederung wissen sie ihrer Umgebung oft überaus intime Stimmungen zu verleihen. Man denke nur an die prunkvolle Nepomukstatue (1732) vor der Breslauer Kreuzkirche (S. 11) oder an jene so prächtig vor die Häusergruppe gestellte, einen Brunnen bekrönende Heiligensäule auf dem Liebentaler Obermarkte aus dem Jahre 1712 (S. 7).

Eng, aber traulich mutet der stille Platz vor der Glatzer Pfarrkirche an, für dessen baumumstandenes Denkmal die schlichten, barocken Pfarrhäuser (S. 13) einen überaus vorteilhaften Hintergrund bilden.

Und niemals stehen diese alten Brunnen und Statuen dem Verkehr im Wege; wie selbstverständlich suchen sie sich stille Ecken und Plätze oder entfernen sich gerade so weit aus der Verkehrslinie, daß man sie ruhig betrachten kann.

* * *

Mit dem Erstarken des Bürgertums im 16. Jahrhundert wurden seine Lebensansprüche, mithin auch die Forderungen, die von ihm an die Wohnung gestellt wurden, immer größer. Dadurch ist die Entwicklung des Bürgerhauses in neue Bahnen gelenkt worden. Im Mittelalter bestanden die Wohnbauten fast ausschließlich aus Holz und waren so starker Feuersgefahr ausgesetzt; umfangreiche Brände, die sich allerorts wiederholten, legten ganze Stadtteile in Schutt und Asche. Das 16. Jahrhundert, auf geistigem wie materiellem Gebiete die Zeit höchster Blüte, schuf auch hierin Wandel. Fürsten und Stadträte sorgten durch Privilegien dafür, daß die Bürgerhäuser in Stein von nun an zahlreicher wurden. Ist hiervon namentlich im 30jährigen Kriege auch viel zerstört worden, geben doch die Reste noch eine genügende Vorstellung von dem hohen Stande der damaligen Bau- und Werkkunst, die sich in besonders vollendeter Weise in den Häusern der Kaufleute am Görlitzer Untermarkt bemerkbar macht. Während der Handelsbetrieb auf die Ausgestaltung des gotischen Hauses verhältnismäßig wenig eingewirkt hatte, mußte das Heim des Kaufmannes der neuen Zeit in seiner Anlage naturgemäß der geschäftlichen Tätigkeit seines Bewohners möglichst Rechnung tragen. Dies geschieht in Görlitz anders, wie bei den Patrizierhäusern gleicher Zeit in Süd- und Westdeutschland. Bei den überaus schmal geschnittenen Grundstücken konnte eine offene Hofanlage von einigermaßen räumlicher Ausdehnung, wie wir sie z. B. in Nürnberg finden, nicht in Frage kommen. Die Ausdehnung in Tiefe und Höhe war das Gegebene. Das Zentrum der ganzen Hausanlage ist deshalb hier eine Treppenhalle am hinteren Ende der Kaufhalle im Erdgeschoß, der nach der Straße zu Lauben vorgesetzt sind (S. 69). Sie geht durch alle Geschosse, wird mit einer Spitzbogentonne geschlossen und durch hochgelegene Fenster erleuchtet. Von einer, bisweilen auch von zwei Seiten wird diese Halle von breiten, nach innen zu offenen Gängen umzogen, die mit ihren, mit Gitterwerk oder Maßwerk gefüllten Geländern dem Raume einen ungemein malerischen, durch die hohe Belichtung in seiner Wirkung noch verstärkten Charakter verleihen. Im Äußeren hat bei den schlesischen Häusern der Frührenaissance mehr als anderswo in Deutschland die Symmetrie der italienischen Palastfassaden, allerdings unter ganz anderen Maßverhältnissen, Nachahmung gefunden (S. 36). Die Eigenart dieser Bauformen wird jedoch von vornherein mit den bodenständigen Überlieferungen der Gotik verschmolzen, was sich am besten an einigen Görlitzer Häusern beobachten läßt (S. 30, 36).

Eine, städtebaulich betrachtet, hervorragende Ecklösung zeigt uns der vor wenigen Jahren verständnisvoll wiederhergestellte „Schönhof“ zu Görlitz, Brüderstr. 8 (S. 32), der sich mit der Hälfte seiner Straßenfront an den Untermarkt schiebt, um den Bürgersteig in seinen Lauben weiter zu führen. Das Pilastergerüst der Fassade umzieht einen sehr geschickt angeordneten, übereck gestellten Erker. Das kräftige Hauptgesims, darüber das einfache Satteldach geben der Architektur trotz der reichen Aufteilung eine straffe Geschlossenheit im Ausdruck. Die Erker sitzen bei derartigen Häusern vornehmlich an Straßenecken, die einen Ausblick gewähren. Kaufmannshäuser mit derselben Grundrißanlage haben sich noch in Liebental erhalten. Hier, wie auch bei vielen Häusern in Görlitz, verdecken bedauerlicherweise mehrfache Anstriche, z. T. auch Putz, die Architekturglieder. In den später erneuerten Treppengeländern haben die verschiedensten Stilepochen ihre Spuren hinterlassen (S. 76).

Anders geordnet ist das Bürgerhaus in Hirschberg, wo sich die Räume zumeist um einen kleinen Lichthof mit umlaufenden offenen Gängen gruppieren (S. 76), von denen aus die etwas abseits gelegene Treppe zugänglich ist. Auch hier ergibt der Wechsel von Licht und Schatten reizvolle Raumwirkungen.

Wieder anders sind die Patrizierhäuser, z. B. in Breslau, Liegnitz und Neiße, denen keine Lauben vorgelegt sind und die auch einer späteren Zeit angehören. Bei ihnen nimmt die gewölbte Kaufhalle, in der die Waren aufgestapelt und verkauft werden, im Erdgeschoß die ganze Hausbreite ein. Ist das Grundstück breiter, so findet sich in der Mitte oder an der Seite noch eine Durchfahrt. Die von oben beleuchtete Treppe schließt sich an das Gewölbe an oder liegt im Seitenflügel. Ein jetzt nicht mehr vorhandenes Breslauer Haus „zur goldenen Krone“ am Ring mit einem für die schlesische Renaissance typischen Zinnenkranze als Hauptgesims (S. 30) hatte im Hofe, ähnlich wie bei einem allerdings kleineren Hofe eines Kaufmannshauses in Görlitz (Abb. 69), auf Konsolen vorgekragte, umlaufende Steingalerien in drei Geschossen von schöner Wirkung (S. 71). Das Portal dieses Hauses (S. 61) — jetzt Tür des Staatsarchives — dessen Flächen von reichen Flachornamenten überzogen sind, stammt aus der Zeit Wendel Roßkopfs (1528).

Wie in Glatz und Neiße und besonders in Görlitz, so begegnen wir auch in Greiffenberg als Kennzeichen des vornehmen Bürgerhauses gar häufig schönen, geschweiften Eisengittern vor den Fenstern der Erdgeschoßhallen und über den Eingangstüren. In der Barockzeit sind die flachen Gewölbe der Kaufhallen nicht selten durch eingekratzte Putzornamente oder figürliche Reliefs geschmückt. Besonders die Gewölbe einiger Ringhäuser in Breslau sind in dieser Beziehung beachtenswert, ebenso die meisterhaft behandelten, kecken Tierdarstellungen an der Decke der Schweidnitzer Ratsapotheke (S. 78). Einen Hauptschmuck der Hallen bilden die sich in ihrem Hintergrunde spiralförmig in die Höhe windenden oder dreiarmigen meist hölzernen Treppen, deren Geländer in reicheren Häusern oft überaus schmucke Ausbildungen erfahren haben (S. 72, 73, 74, 75, 76, 77).

* * *

Wie im übrigen Deutschland, so hat auch in Schlesien der 30jährige Krieg die bauliche Entwickelung aufgehalten oder überhaupt vernichtet. Die bodenständigen Überlieferungen gingen zum größten Teil verloren, und Einflüsse von außen traten an ihre Stelle. Erst gegen Ende des 17. Jahrhunderts erwachte allenthalben neues Leben. Vor allem begann unter der Herrschaft der Gegenreformation eine umfangreiche Bautätigkeit, der wir eine Anzahl mehr oder weniger hervorragender Bauten zu verdanken haben. Wieder waren es zunächst italienische Einflüsse, die sich geltend machten, erst unmittelbar durch italienische Jesuitenkünstler, dann mittelbar durch die inzwischen zur Blüte gelangende Wiener und Prager Barockschule. Rasch räumten die überaus entschlossen vorgehenden Jesuiten mit der künstlerischen Öde im nüchternen protestantischen Schlesien auf. 1638 faßte der Orden in Breslau festen Fuß, um wenig später in die ihm von Kaiser Leopold geschenkte alte kaiserliche Burg einzuziehen. Und bald darauf begann der sich rasch entwickelnde Orden, großartige Baupläne zu verwirklichen, um auch äußerlich den Katholizismus so machtvoll als möglich erscheinen zu lassen. So entstand zunächst 1690 die Matthiaskirche, die im Grundriß mit Langhaus, Kuppel und Apsis in einer Achse dem Typ der von Vignola erbauten Kirche Gesù in Rom entspricht. Ihr Aufbau, in einfacher Weise durch flache Pilaster im Sinne des mehr klassizistischen Barock gegliedert, zeigt edle Verhältnisse. Im Gegensatz zur Renaissance entwickelte der Barock bald einen ganz bestimmten Fassadentypus, nämlich eine Aufteilung des Volutengiebels mit Pilastern, die sich auch um das Langhaus legen. Später wurden diese dann durch Säulen, Viertelsäulen, verstärkte Halbsäulen, und schließlich durch ein Aufhäufen von Formen zu schwulstigem Pomp gesteigert.

Die reiche Innenausbildung der Matthiaskirche (S. 102), einer späteren, prunkliebenderen Zeit angehörend, mit ihren üppig stuckierten Gliederungen, den farbenfreudigen Fresken und reich vergoldeten Gittern ist das Werk des Malers Johann Michael Rottmayr und des Architekten Christophorus Tausch, beides Schüler des viel beschäftigten Wiener Meisters del Pozzo.

Charakteristische Schöpfungen dieser Zeit entstanden dann weiter in den Jesuitenkirchen zu Neiße, Glogau und Liegnitz, deren Fassaden zu den besten Leistungen schlesischer Baukunst gehören.

Zu Beginn des 18. Jahrhunderts verschwanden die italienischen Meister mit ihren klassizistischen Einflüssen mehr und mehr; an ihre Stelle traten deutsche Baukünstler, die ihre erworbenen Kenntnisse der italienischen Formenwelt anzupassen und mit ihrer deutschen Auffassung zu vereinbaren suchten. Später waren es auch französische Ideen und Formen, deren Einflusse sich die deutschen Meister nicht verschließen konnten. Führende Geister deutscher Barockkunst, Fischer von Erlach in Wien und Ignaz Kilian Dientzenhofer in Prag, betätigten sich auch in Schlesien. Fischer von Erlach baute 1722 die Kurfürstenkapelle des Breslauer Domes (S. 83, 135), Dientzenhofer 1727 die Kirche des Klosters Wahlstatt (S. 128, 129); auch Lukas von Hildebrandt, der geniale Erbauer des Wiener Belvedere, lieferte 1705 die Pläne zum jetzt nicht mehr vorhandenen Schrayvogelschen Hause in Breslau.

Deutscher Geist durchdringt die fremde Formenwelt. Mehr und mehr bekommen die Bauten eine heimatliche Note, der man die Freude an zierlichen Antragearbeiten und das Wohlgefallen an leichtem Formenwechsel ansieht. Die Vorliebe für scharfe Gegensätze, für gekrümmte und gebrochene Linien, die Wechselwirkung von Licht und Schatten behalten sie bei.

Die Jesuiten, die in ihrer Prunksucht bei ihren Kirchen leicht zu Übertreibungen neigen, bauen ihre Kollegienhäuser verhältnismäßig einfach. Das Breslauer Kollegium, nach Burgemeister 1728—43 von Christoph Hackner, dem damaligen Stadt- und Kammerbaumeister, erbaut, ist ein glanzvolles Meisterstück monumentaler Barockkunst. Die gewaltige, die ganze Umgegend beherrschende Front an der Oder (S. 103) — die ursprüngliche Planung sah eine fast doppelt so lange Ausdehnung vor — wird nur durch die schwach vortretende Pilasterarchitektur des Treppenhauses und durch den darüber liegenden Turm der Sternwarte unterbrochen, im Gegensatz zur Stadtseite, die durch das wundervoll komponierte Hauptportal, das Kaisertor, und das im stumpfen Winkel vorgeschobene Torhaus (S. 104, 105), an das sich die Matthiaskirche schließt, reicher gegliedert ist. Der dieser Seite eng vorgelegte, unschöne Häuserblock wird voraussichtlich bald der beabsichtigten Neubebauung der Südseite weichen müssen. Die Universität in Verbindung mit der Matthiaskirche und dem 1755 vollendeten Konvikt ist eine Baugruppe von vollendeter Schönheit, die durch das harmonische Zusammenklingen aller Einzelbauten erreicht wird. Der glücklich gestellte Ledererśche Fechterbrunnen (S. 105) vervollständigt die Wirkung. Beim Kollegium, der jetzigen Universität, überraschen auch bei allen Einzelbildungen die Schönheit der Zeichnung in den Motiven und die vollendete Technik der Werkkünste. Besonders fesseln die reichen Schmiedearbeiten der Eingänge (S. 67) und die prächtig geschnitzten, mit Intarsien verzierten inneren Türen. Im Inneren bilden die Aula Leopoldina (S. 106, 108, 109) und das Oratorium, jetzt der Musiksaal (S. 107) die künstlerischen Mittelpunkte, deren Wände und Decken mit zum Teil beachtenswerten Fresken bedeckt sind. Drei Maler, die sich auch bei den gleichzeitigen Klosterbauten betätigten, waren bei der Ausschmückung beschäftigt: Johann Christoph Hanke, Johann Kuben und Scheffler. Die Breslauer Universität ist das Beste, was das Barock in seiner üppigen Eleganz des Bauschaffens und in seinem phantasievollen Ersinnen von Raumwirkungen in Schlesien hinterlassen hat. Auch bei einigen Wohnhäusern in Breslau und Ohlau haben ihre baulichen Ausdrucksformen Nachahmung gefunden.

Das Neißer Kollegium (aus dem Jahre 1709) mit seiner strengen Pilasterarchitektur (S. 14, 111) lehnt sich wirkungsvoll im rechten Winkel an die Jesuitenkirche. Hier wie auch in Glatz (S. 64, 68), Sagan und Liegnitz (S. 66, 136) bietet sich mannigfaltig Gelegenheit, die umfangreiche Bautätigkeit der Jesuiten zu beobachten und schätzen zu lernen, die mit ihren Kollegien und Kirchen größtenteils geschlossene Bilder monumentaler Barockarchitektur schuf und gar viele künstlerische und städtebauliche Schönheiten entstehen ließ.

Von der kulturfördernden Tätigkeit der Zisterzienser zeugen ihre Klostergründungen. Sie waren mehr noch als die Städte Ausgangspunkte deutscher Kolonisation, die schon im 12. Jahrhundert unzählige deutsche Dörfer gründeten und besiedelten. Leubus, die Mutter aller schlesischer Zisterzienserklöster, entstand 1175, Heinrichau 1222, Camenz 1249, später Grüßau. Die Anlage neuer Ortschaften schuf den Kern zu ausgedehntem Grundbesitz und großem Reichtum, dessen sich die Klöster bis zu ihrer Aufhebung 1810 rühmen konnten.

Auch eine Folge der Gegenreformation war die gewaltige Bautätigkeit der innerlich gleichfalls vom jesuitischen Geiste beseelten Zisterzienser. In Leubus, Grüßau, Heinrichau, Trebnitz und Wahlstatt entstanden Kloster- und Kirchenbauten, die sich den städtischen Jesuitenbauten würdig zur Seite stellen können und die als wesentlichste Denkmäler schlesischer Barockbaukunst geschätzt werden müssen.

Das von alten, schönen Laubwäldern umschlossene Leubus, mit seinem 223 m langen Nordflügel an der Oder gelegen (S. XXV), ist eines der größten und künstlerisch wertvollsten Klöster Deutschlands (1700-51) (S. 113, 114, 116). An die alte Klosterkirche schließen sich einerseits die zwei Flügel der Prälatur mit dem Fürstensaal an, andererseits die einen 30 auf 54 m großen Hof (S. 115) umschließenden Klostergebäude mit Sommerrefektorium und Bibliothek. Was Leubus vor den anderen Barockklöstern auszeichnet, sind seine aufwandsvoll ausgestatteten Haupträume, der Fürstensaal, das Refektorium (S. 117) und die Bibliothek (S. 119). Der Fürstensaal (S. 118) mit seiner weiten Raumwirkung, ist ein Beispiel für die Art, wie hier im Streben nach möglichst wirkungsvoller Raumgestaltung allmählich alle gesetzmäßigen Gliederungen verdrängt werden. Die Ecken des oblongen Saales erhalten durch Übereckstellung von Figuren weichere Formen. Und wenn auch jeder Wandteil seitlich durch Doppelpilaster und nach oben durch das auf ihnen ruhende Gebälk abgegrenzt erscheint, so wird doch alles mit reichem Rankenornament, das sich in einigen Motiven schon dem Rokoko nähert, überzogen, und durch bewegte Figurenstellung und Gemälde aufgelöst. In ähnlicher Weise wird auch die Begrenzung zwischen Wand und Decke unwirksam gemacht. Die Decke selbst öffnet sich wie ein Himmel, in den man hineinschaut, auf dessen Wolken Heilige und Engel emporschweben. Ihre Wirkung ist durchaus raumerweiternd.

Die Stiftskirche des Klosters Grüßau, erbaut 1728—35, ist die bedeutendste Schlesiens aus der Barockzeit. Sie ist im Grundriß (S. 124) eine kreuzförmige, fünfjochige Hallenkirche, deren räumlich schöne Wirkung von Baukunst, Skulptur und Malerei in anerkennenswertem Wetteifer erreicht wird (S. 121, 122, 126). Die flüssige Linienführung des Grundrisses setzt sich auch im Aufbau fort. Die ruhige Pilasterarchitektur des Langhauses steigert sich an der von dem Prager Ferdinand Procoff geschaffenen Turmfassade zu unruhig bewegter Pracht (S. 120) und findet ihren Abschluß in der ganz aus dem Maßstab fallenden Volutenhaube. Obwohl der Meister der Prager Barockschule angehörte, machen sich doch auch französische Einflüsse bemerkbar, so hauptsächlich bei der Anwendung des Mansardendaches im Gegensatz zu Kloster Leubus mit seinem einfachen Satteldach, sowie in der im Stile Ludwigs XIV. ausgeführten Ornamentik. Dankbarkeit gegen den Gründer des Klosters, Herzog Bolko I., errichtete an bevorzugter Stelle hinter dem Hochaltar, die im Innern überaus aufwandsvolle, im Äußern dagegen in schlichter ansprechender Architektur ausgeführten Fürstengruft (S. 124, 125).

Während die Namen der Architekten der meisten Jesuitenbauten dieser Zeit nicht überliefert sind, wissen wir von der Kirche des Klosters Wahlstatt (1727—31), daß sie eine Schöpfung Ignaz Kilian Dientzenhofers, des großen Prager Meisters, ist. Im Verhältnis zu den oben geschilderten ist es eine kleinere Anlage mit zentraler Grundrißform (S. 128), wie sie Dientzenhofer, seinem Meister Fischer von Erlach folgend, bevorzugt hat. Obgleich die Innenwirkung von ruhiger Monumentalität ist, interessiert doch wohl noch mehr die Art, wie sich die Kirche in die sie umschliessenden Klostergebäude von schöner, einfacher Putzarchitektur einfügt, und wie sie elegant hinter die Front der beiderseitigen Klosterflügel zurücktritt (S. 129).

Wie Leubus, Grüßau und andere Klöster mehr schon äußerlich durch ihre gewaltige Ausdehnung an den großen religiösen und künstlerischen Willen des schlesischen Katholizismus der Barockzeit erinnern, so ist auch das Kloster in Wahlstatt in seiner Lage auf einer durch große geschichtliche Überlieferungen geweihten Bergeshöhe eine wirkungsvolle Steigerung der schlesischen Landschaft. Selbst Kloster Czarnowanz paßt sich mit seiner gewaltigen, horizontalen Ausdehnung, die durch eine das Kloster umschließende, bastionenbesetzte Mauer noch verstärkt wird, der Ebene an, um sie weithin zu beherrschen (S. 112).

* * *

Nachdem die schlesischen Stände ihren Winterkönig gewählt, verfiel das Land den oft harten Maßregeln der Gegenreformation. Die ersten Versuche den Bedürfnissen des evangelischen Gottesdienstes zu entsprechen, finden sich aus der Zeit der Reformation in einer Reihe von Emporeneinbauten in die vorhandenen gotischen Kirchen (S. 97). Erst im westfälischen Frieden bekamen die Protestanten, nachdem ihnen alle Kirchen entzogen worden waren, die mit einschränkenden Bedingungen versehene Erlaubnis zum Bau dreier eigener Gotteshäuser. Diese sogenannten Friedenskirchen in Schweidnitz, Jauer und Glogau, von Ingenieurleutnant von Saebisch aus Breslau 1654—58 erbaut, sind die ersten Anlagen, die auf die besonderen Bedürfnisse des evangelischen Gottesdienstes Rücksicht nehmen. In Schweidnitz umziehen doppelte Emporen den Raum des kreuzschiffigen Grundrisses auf allen Seiten und geben ihm einen ganz ungewöhnlichen Charakter (S. 93, 94, 95). 7500 Andächtige sollen, die Stehplätze mit eingeschlossen, in dieser der Zentralform sich nähernden Kirche Platz finden können. Die infolge der Altranstädter Konvention erbauten sogenannten Gnadenkirchen in Hirschberg, Militsch, Landshut und Sagan nähern sich in ihrer Anlage der Schweidnitzer Friedenskirche mit Ausnahme jener von Sagan, der eine Langhausform zugrunde liegt. Die bedeutendste und ansprechendste von ihnen ist die Kirche zu Hirschberg (erbaut 1709—18), bei der auch im Äusseren die zentrale Grundrißform recht gut zum Ausdruck kommt (S. 140).

Die an den Peripherien der evangelischen Fürstentümer errichteten sogenannten Grenzkirchen kleinen Maßstabes sind aus Fachwerk und im Inneren oft bis an die Decke mit engen Emporen gefüllt (S. 96). Farbig behandelt, sind sie die letzten Nachklänge der reich ausgemalten Kirchen der Renaissance.

Dem fühlbaren Mangel an evangelischen Gotteshäusern half Friedrich der Große nach der Besitznahme Schlesiens durch Errichtung einer Anzahl von ihm „gnädigst konzedierten Bethäuser" ab. Diese meist turmlosen, in schlichter, ansprechender Lisenenarchitektur errichteten Kirchen sind oft, z. B. in Domanze, Schmiedeberg (S. 138) u. a., mit dem gleichzeitig errichteten Pfarrhaus und Schule streng symmetrisch um einen nach der Straße zu offenen Platz gruppiert. In Schmiedeberg schließt sich bei gleicher Anlage an das Bethaus der von Mauern umschlossene Friedhof. Hier hat man nicht gewagt, die symmetrische Geschlossenheit durch einen nachträglich zu errichtenden Turm aufzuheben, und hat darum den Glockenturm auf den Friedhof gestellt. Das mit hölzernen Logen und Emporen dreiseitig umzogene, sehr geräumige Innere des Schmiedeberger Bethauses (S. 139) ist, wie fast alle Kirchen gleicher Zeit, durchgängig weiss gehalten; nur die ins Rokoko gehenden Dekorationsmotive und die Simsleisten sind goldig abgesetzt.

* * *

Die Kunst am Ende des 18. Jahrhunderts hielt die Bestrebungen des Barocks, das seine vornehmste Aufgabe in der Anpassung an die Verhältnisse des menschlichen Lebens gesucht hatte, bald für minderwertig. Die klassische Formenwelt sollte dafür Ersatz schaffen; die wiedererweckte antike Baukunst wurde herbeigeholt, um den bisher herrschenden barocken Geschmack mit seinen unnatürlichen Auswüchsen zu bannen. Wie die zweite Hälfte des 18. Jahrhunderts auf dem Gebiete der Wissenschaft eine Periode des Umsturzes und der Neubildung war, so trat auch in künstlerischen Dingen eine Revolution ein, die durch Winckelmanns Schriften über die Kunst des Altertums eingeleitet wurde.

Kurz vor Ausbruch der langjährigen Kriege um Schlesiens Besitz war die heimische Bautätigkeit noch recht rege gewesen; nach dem Beginn derselben war sie gänzlich lahmgelegt. Aber mit frischer Tatkraft und zielbewußter Gesetzgebung gelang es Friedrich dem Großen nach dem Friedensschluß in der durch schwere Kämpfe erkauften Provinz durch Privilegien aller Art eine umfangreiche Bautätigkeit zur Entfaltung zu bringen.

Die führende Persönlichkeit dieser neu beginnenden klassizistischen Periode ist Karl Gotthard Langhans, der berühmteste schlesische Baumeister, der Allgemeinheit aber wohl mehr noch durch seine Berliner Bauten: Altes Schauspielhaus, Brandenburger Tor u. a. bekannt. Zuerst als Architekt des Fürsten Hatzfeld vorwiegend beim Bau seines neuen Palais tätig, wird er von Friedrich dem Großen zum Direktor des schlesischen Bauwesens ernannt und übernimmt später die Leitung des gesamten preußischen Staatsbauwesens in Berlin. Die Schöpfungen von Langhans lassen starke Wandlungen in ihrer formalen Durchbildung erkennen.

Barock ist noch die evangelische Kirche in Glogau (1764); der Fürstlich-Hatzfeldsche Palast, das jetzige Oberpräsidium zu Breslau, zeigt im Äußeren (S. 47) die Formen italienischer Hochrenaissance in klarer Ausdrucksweise, während sich in den schönen Innenräumen vorwiegend barocke Anklänge vorfinden (S. 48, 49, 50).

Eine umfassende Tätigkeit entfaltete Langhans beim Bau evangelischer Predigtkirchen, von denen die in Glogau, Groß-Wartenberg (S. 142), Waldenburg (S. 143), Ober-Adelsdorf (S. 142), Reichenbach (S. 144, 145) und Rawitsch von ihm herrühren. Wenn auch in ihnen das Problem der evangelischen Predigtkirchen noch keine vollkommene Lösung gefunden hat, sichern diese geistvollen Schöpfungen Langhans schon allein wegen ihren praktischen Errungenschaften einen Namen im protestantischen Kirchenbau. Gute Akustik, freier Ausblick von jedem Platz aus auf den Prediger sind allen seinen Kirchen eigen. Fußend auf den Friedens- und Gnadenkirchen Schlesiens, hat er trotz der Anlage mehrfacher Emporen eindrucksvolle, geschlossene Raumwirkungen zu erreichen verstanden. Wie bei einigen seiner Profanbauten, z. B. im Palais Hatzfeld, im Wohnhaus von Pachaly in Breslau und im Wohnhaus Schoeler in Reichenbach (S. 80) kommt auch bei allen seinen Kirchen eine Vorliebe für die Ellipse zum Ausdrucke. Interessant sind seine Versuche in der Lösung von Emporeneinbauten. In Waldenburg ist die obere Empore so weit zurückgerückt, daß die kuppeltragenden Säulen freistehen (S. 143), im Gegensatz zu Ober-Adelsdorf, wo die zweite Empore von den Säulen mitgetragen wird. Die Kirche in Reichenbach hat drei die Emporen tragende Säulenstellungen verkleinerten Maßstabes über einander (S. 144). Bei allen Kirchen ist die achsiale Stellung des Altars mit Kanzel und Orgel beibehalten (S. 144). Mit ihrer schlichten weißen Bemalung atmen die Räume feierlich heiteren Ernst und entsprechen somit auch dem Wesen des protestantischen Gottesdienstes vortrefflich.

Bei der Außengestaltung der Bauten dieser Periode ist im allgemeinen auf überflüssige dekorative Zutaten verzichtet worden. Die großen Flächen werden durch Putzstreifen und Lisenen belebt; nur den Eingang betont ein gewaltiges Säulenpaar (S. 145), das durch einen Rundbogen verbunden wird. Die Turmhauben zeigen mitunter noch barocke Anklänge (S. 142).

Tragen die Kirchenbauten von Langhans ernste Geschlossenheit und Würde zur Schau, so zeigen seine kleineren Bauten, wie z. B. der Teepavillon im Dyhernfurter Park (S. 222), welch phantasievolle Anmut und Harmonie sich auch mit klassischen Formen erreichen läßt. Ja die Anwendung dieser Stilformen auf Kleinarchitektur, beziehungsweise ihre Umwertung in Nutzformen, war nahezu vollkommen. Trotz allem wirtschaftlichen Tiefstande drückte die geistige Kultur jener Zeit — es war die Zeit unserer größten Dichter — ihr Gepräge allem Entstehenden auf. Insbesondere erregen kleine Landhausanlagen, die zum Teil wie zu Scheitnig bei Breslau (S. 54) und Sagan (S. 55) außerhalb der Stadt lagen, wegen ihrer einheitlichen Gestaltung unser besonderes Interesse. Die Lage dieser Häuser in ihrer Umgebung, der mit Wirtschaftshäuschen flankierte Hof davor und die wirkungsvolle Stellung der Bäume sind von einer höheren Kultur diktierte und gelöste, sachliche und ästhetische Forderungen. So ansprechend und freundlich diese Häuser im Äußern trotz ihrer Schlichtheit erscheinen, sind sie doch auch im Inneren behaglich und vornehm eingerichtet.

Von der Ausdrucksweise jener Zeit, dem herrschenden Gefühl für architektonische Strenge und für Rhythmus, zeugen auch manche Straßenbilder schlesischer Städte. Einfache und praktische Reihenhäuser in schlichter Putzbehandlung bilden, wie z. B. in Greiffenberg, für Rathäuser und Kirchen stimmungsvolle Rahmen. Hier sind es Patrizierhäuser mehr zopfigen Charakters (S. 57); doch macht sich die Tendenz der Zusammenfassung gleichartiger, einfach gestalteter Häusergruppen noch deutlicher bei den Kleinbürger- und Handwerkervierteln dieser Zeit bemerkbar, wovon Greiffenberg und auch Schmiedeberg (S. 39) gute Beispiele geben.

Die alten schlesischen Dorfkirchen bestehen seit der Zeit der Gotik in der Regel aus dem mit einer hölzernen Kassettendecke oder Gewölbe überdeckten Langhaus, einem gegen dieses eingezogenen, geraden oder polygonal geschlossenen Chor und einem gewöhnlich vom Langhaus aus zugänglichen Turm. Sakristei, Turm und Beinhaus sind oft später angebaut. Vielfach findet man, wie in Rotsürben, Leutmannsdorf, Strehlitz (S. 86, 89, 92) u. a. O., das Innere mit Malereien geschmückt, die eine anheimelnde, das Gemüt ansprechende Stimmung erzeugen. Alte Klappaltäre, Taufsteine, Einbauten von Emporen und Herrschaftslogen, geschnitzt und reich gemalt, geben den traulichen Räumen gesunde Farbigkeit. In der Strehlitzer Kirche sind die Wandflächen mit bunten figürlichen Darstellungen aus der biblischen Geschichte bedeckt. Aber auch in vielen anderen jetzt übertünchten Kirchenräumen lassen sich Spuren alter Bemalung beobachten. In diesen Landkirchen haben sich gewisse Formen überlieferter, volkstümlicher Bauweise am besten erhalten. In der Grafschaft Glatz überspannt stets eine hölzerne Kassettendecke das Langhaus (S. 137). Die Stützen der Orgelbühnen, ähnlich denen der Bauernhauslauben, sind in Holz geschnitzt. Wie das Bauernhaus, so erhält auch die Kirche einen rein weissen Anstrich, der sich zusammen mit dem Silbergrau des Schindeldaches und des gedrungenen Turmes trefflich in die farbenkräftige Umgebung einpaßt und anmutige und reizvolle Bilder schafft. Einheitlich sind diese fast ganz unberührten, charaktervollen Dorfbilder, einheitlich in der äußerern Form, im Baustoff wie in der Farbe; nur ein aufmerksamer Beobachter vermag die feinen Unterschiede, die Haus von Haus unterscheiden, etwa die Unterschiede in der geometrischen Leistenteilung der Hausgiebel oder die Nuancen in der Farbigkeit der gestrichenen Fenster und Türrahmen herauszufinden. Der Vorliebe für vorgekragte Holzgalerien wird in verschiedenster Weise Rechnung getragen. Häufig öffnet sich nur die Giebelseite des Erdgeschosses laubenartig nach der Straße zu (S. 58), bisweilen sind auch die Längsseiten mit Galerien umzogen (S. 58).

In den westlichen Teilen Schlesiens, in der Oberlausitz und in den angrenzenden Gebieten, erkennt man in der äußeren Erscheinung der Dorfkirchen und Bauernhäusern mühelos die Verwandtschaft mit sächsischer Bauart, die sich am deutlichsten in den strengen Fachwerkbildungen der Bauern- und auch Kleinstadthäuser ausspricht. Schwarz gestrichen heben sich die geometrischen Figuren des Fachwerkes scharf vom weißen Putzgrund ab und bilden gewissermaßen das sichtbare Knochengerüst der Häuser (S. 51). Solch lebhafte Farbenkontraste verstärken den freundlichen Ausdruck des Lebens und der Heiterkeit, den diese Bauten ausströmen. Im Gegensatz zu Alt-Schlesien, wo die Turmhaube, mehrfach durchbrochen, eine luftige, bewegte Silhouette zeigt, hat der Kirchturm dieser Gegenden in seiner Umrißlinie einen strengeren mehr sächsischen Zuschnitt (S. 19).

Für die in Holz errichteten, kleinen Riesengebirgshäuser bot der vorhandene große Waldbestand das natürliche Baumaterial. Es sind schindelbedeckte Blockhäuser einfachster Hausform (S. 59). Das Anziehendste an ihnen ist aber ihr harmonischer Zusammenschluß mit der Gebirgsnatur. Sie scheinen wie aus dem Boden gewachsen. Auf den ersten Blick erkennt man das schützende Obdach, das schon durch die Farbe des Baumaterials warm erscheint und durch seine breiten, behäbigen Verhältnisse Lagerhaftigkeit und Standfestigkeit ausdrückt. Die Häuser im böhmischen Aupatal erhalten durch die verstrichenen Fugen der Blockwände, sowie die heller gestrichenen Tür- und Fensterrahmen, eine wirksame, zum Saftgrün der umgebenden Wiesen trefflich passende Farbigkeit. Leider haben die vielbesuchten Baudengasthäuser unserer Berge nur vereinzelt diese, mit der Gebirgswelt wie verwachsen aussehenden, bodenständigen Hausformen für ihre Zwecke weiter entwickelt (S. 59).

Die für die oberschlesische Landschaft charakteristischen Holzkirchen treten, trotz ihrer bescheidenen Größe und bei aller Einfachheit, doch äußerst wirkungsvoll in die Erscheinung, stets von großen, prächtigen Lindenbäumen beschattet, die auf dem die Kirche umgebenden Friedhofe stehen (S. 146, 148). Und die bedeckten, schattenspendenden Umgänge, die sich zu ebener Erde arkadenartig um das Gebäude legen, verstärken noch den malerischen Eindruck dieser volkstümlichen Bauten. Auch die Wirkung dieser anspruchslos erscheinenden, aber deshalb nicht weniger künstlerischen Schöpfungen beruht auf der sinngemäßen Durchbildung der einfachen Hausform, die dem außergewöhnlichen Zweck entsprechend maßstablich vergrößert und umgestaltet worden ist. Ursprünglich war nur ein Langhaus verhanden; allmählich aber wird, durch die Massivkirchen stilistisch beeinflußt, der eingezogene Chor hinzugefügt (S. 149) und noch später der in der Regel etwas abseits stehende Glockenturm. Zum Schutz gegen Regenwasser ist der geböschte Unterbau dieser Türme mit Flugdächern umzogen, die, oftmals in mehreren Lagen über einander, die sonst etwas steife Umrißlinie vorteilhaft beeinflussen. Im Innern der Kirche ist die Decke horizontal oder als Tonne in einfachster Weise ausgebildet, oft auch bemalt. In ihrer Schlichtheit besitzen diese Kirchen den Reiz der Ursprünglichkeit und sind vor allen Dingen wegen ihrer geschickten Gruppierung und Umrißgestaltung beachtenswert (S. 150). Ihre malerischen Reize werden durch die nach dem jeweiligen Bedürfnis errichteten Sakristeien, Kapellen und Beichtumgänge vermehrt, die durch starke tiefe Schatten wie z. B. bei den Wallfahrtskirchen von Czarnowanz und Groß-Döbern dem baulichen Ausdruck vermehrte Kraft verleihen (S. 147). Auch die Kirchhofszäune und die überdachten Eingangspforten zeugen von einer einheitlichen, dem Gefüge des Holzes entsprechenden und aus der Konstruktion hervorgegangenen Formenbehandlung (S. 154). Reste schlichter hölzerner Grabdenkmäler, ausgesägte Brettformen, lassen erkennen, daß einst auch auf diesem Gebiete eine Tradition vorhanden war, die jetzt fast ganz verschwunden ist. Selbst die in Schrotholz errichteten oberschlesischen Bauernhäuser und die laubengeschmückten Kleinstadthäuschen sind Zeugnisse einer bodenständigen, seit Jahrhunderten bestehenden und sich trotz aller Stilwandlungen wenig verändernden einfachen Zimmermannskunst, die auch heute noch verdiente gepflegt zu werden.

* * *

Im 16. und 17. Jahrhundert bestattete man noch zumeist in den Kirchen; neben den wappengeschmückten einfachen Gruftplatten wurden hier bei zunehmender Wohlhabenheit Epitaphien als Denkmäler der Verstorbenen aufgestellt. Schöne Beispiele dafür sind noch an vielen Orten, selbst in manchen Dorfkirchen erhalten (S. 165). Mit ihrer oft einwandsfreien Komposition, ihrer meisterhaft behandelten Beschriftung und ihrer technischen Vollendung (S. 166), vermögen sie besonders viel von alt-schlesischer werktechnischer Kultur und Kunst zu erzählen. Die besten derartigen Grabmäler stammen aus dem 16. und 18. Jahrhundert, als Bürgertum und Landadel in ihnen ihre Wohlhabenheit und Intelligenz zur Schau stellten.

Die mehr für die Allgemeinheit bestimmten Gräberfelder befanden sich in Stadt und Land innerhalb des mauerumgürteten Kirchhofes. Auf dem Dorfe war die massige, stark gebaute Dorfkirche der einzige Zufluchtsort in unruhigen Zeiten; die in Schlesien zahlreich vorhandenen sogenannten Verteidigungsfriedhöfe mit ihren starken von Schießscharten durchbrochenen, bastionenbesetzten Mauern sind wertvolle Zeugen jener Zeit. Auch die Torhäuser mit Fallgatter und Pechnase dienten fortifikatorischen Zwecken.

Konservativer Sinn und die Liebe zum Althergebrachten haben jene der Grafschaft eigentümlichen stimmungsvollen Friedhöfe mit Kreuzwegen erhalten, die sich aus den befestigten Kirchhöfen entwickelt haben (S. 152). Hierbei wird die auf einem Hügel gelegene Pfarrkirche von einem schindelgedeckten und mit geschnitzten Holzsäulen umstandenen Gang umschlossen, in dem die Stationen untergebracht sind. So in Eisersdorf, wo nur das Torhaus, in dessen oberen Stübchen früher der Herr Kaplan gehaust haben soll, den 1759 errichteten Umgang unterbricht. Ähnliche Friedhöfe gibt es noch in Rengersdorf und Altwilmsdorf. Doch sind die Kreuzwegstationen der letzgenannten, massiv aufgeführten Anlage zu Kapellen ausgebaut. Und so groß sind die Geschlossenheit und räumliche Wirkung dieser dörflichen Anlagen (S. 153), daß selbst die nicht zu vermeidenden Auswüchse der hoffentlich bald überholten, schlechten Grabmalindustrie dagegen nicht aufkommen kann.

Die Friedhofsanlagen der Barockzeit erhalten regelmäßigere Formen und Gestaltung. Hier werden Kapellen als Begräbnisstätten bevorzugt. Das mag seine Erklärung darin finden, daß man bis dahin seit Jahrhunderten gewohnt war, die Toten in den hohen Hallen oder Kapellen der Kirchen zu bestatten und daß man sich jetzt scheute, sie auf dem weiter gelegenen Friedhofe in die Erde zu betten. So wurden die Friedhöfe, wie z. B. in Hirschberg, Görlitz und Schmiedeberg, von Grabkapellen, in denen zumeist die alten Patriziergeschlechter ruhen, umrahmt. Auch der sich in wohlüberlegter Anordnung an die Stiftskirche zu Grüßau lehnende Klosterfriedhof muß im Anschluß hieran erwähnt werden (S. 124). Derartige kleine Baulichkeiten (S. 156, 157, 158) sind in der Regel durch reich ausgebildete schmiedeeiserne Gittertüren verschlossen, die durch ihre technisch einwandfreie Arbeit und schöne Komposition zu den besten Erzeugnissen des schlesischen Kunsthandwerkes gehören (S. 161). Innerhalb der Kapellenreihe haben sich auch einfache Wandaufbauten erhalten (S. 168); von Gittern umschlossen, sind sie mehr nach rein malerischen Grundsätzen gestaltet.

Freiliegende Gräber wurden vielfach als Hochgräber mit Gruftplatten oder Säulen und Obelisken ausgebildet. Gute Beispiele davon finden sich in Bunzlau, Landeshut und auf dem Görlitzer Nikolaifriedhofe. Gerade letzterer ist besonders reich an schönen liegenden, steinernen Gruftplatten (S. 167) und auch an aufrecht stehenden sogenannten Stelen aus klassizistischer Zeit, die eine besondere Vorliebe für figürliche Darstellungen hatte. Einfache Platten, oft von kräftigen, streng gezeichneten gußeisernen Gittern umgeben (S. 171), waren um 1800 allerorts gebräuchlich. Die vielfache Verwendung von Gußeisen für Grabmalszwecke muß als Beweis für die Leistungsfähigkeit schlesischer Eisenhütten hervorgehoben werden. Ein besonders treffliches Stück von großer Wirkung und materialgerechter Behandlung ist in Reinerz erhalten (S. 170); seine lebendig herausgedrehten Voluten, wie all die zarten Details sind nur in Gußeisen möglich.

Die beschriebenen mehr oder weniger reichen Erzeugnisse ausgebildeten Kunsthandwerkes waren für Begüterte, nicht für die Allgemeinheit, bestimmt. Auf dem Dorfe begnügte man sich mit einfacheren Denkmälern aus Holz und Eisen. Die auch in Oberschlesien vorkommenden bescheidenen, oft bunt bemalten Holztafeln, deren einziger Schmuck die bewegte Umrißlinie oder die ausgesägte Vasen- oder Kranzform ist (S. 172), gehören zu den charakteristischen Erzeugnissen schlesischer Volkskunst. Ihnen reihen sich die reicher gestalteten gleichfalls farbig behandelten schmiedeeisernen Kreuze an mit ihrer phantasievollen Ornamentik, die in graziösen Linien die einfache und doppelte Kreuzform umschließt (S. 172). Auch dieser volkstümliche Grabschmuck beweist wie gerne unsere Altvordern die Farbe, dieses Kunstmittel, dessen sich unsere erfindungsreiche aber empfindungsarme Zeit ganz entäußert hat, zu Worte kommen ließen. Sie kannten eben die Macht der Farbe, selbst da Stimmungswerte zu verbreiten, wo Armut und Dürftigkeit herrschen.

* * *

War im Mittelalter naturgemäß die Kirche der Mittelpunkt des Bauschaffens, so tritt in der Renaissancezeit, in der Zeit der Bildung und Humanität, der Profanbau insbesondere der Schloßbau an ihre Stelle entsprechend den gleichlaufenden Bestrebungen des Bürgertums und des Adels. Daß Bildung und Kultur sich in verhältmäßig so kurzer Zeit einzubürgern vermochten, ist in erster Linie den förderlichen Bestrebungen schlesischer Fürsten zu danken, die, nicht zuletzt um zu glänzen, den herbeigerufenen Künstlern umfangreiche Aufträge zuwiesen, damit diese ihre neuen Baugedanken verwirklichen konnten. Einer der bedeutendsten unter ihnen, Georg II. von Brieg, hat neben anderen Kulturbestrebungen ein geordnetes Schulwesen eingeführt und eine umfangreiche Bautätigkeit entwickelt. Unter seiner Regierung ist denn auch der hervorragendste Schloßbau deutscher Frührenaissance, das um 1547 erbaute Piastenschloß in Brieg entstanden.

Die mittelalterlichen Burgen, wie z. B. die Gröditz- oder Bolkoburg, die auf steiler Höhe und auf unregelmäßigem Bauplatz errichtet werden mußten, erscheinen im Grundriß, wie im Aufbau naturgemäß etwas regellos. Trotzdem schließen sich die im Laufe der Jahrhunderte aneinander gereihten, den Bergfried umfassenden Baukörper einfachster Form in ihrer Anpassung an das Gelände und die Landschaft fast stets zu reizvoll harmonischen Bildern zusammen. Im Anfange der Renaissance, da der Grundsatz regelmäßiger Gestaltung zur Geltung kommt und, wie in Brieg, Gelegenheit war, eine einheitliche, größere Anlage neu zu schaffen, ändert sich auch die Gruppierung gegenüber den Anlagen des Mittelalters. Hier in Brieg reihten sich um einen geräumigen rechteckigen Schloßhof die mit mehrgeschossigen Arkaden umzogenen Seitenflügel schönster Fassadengestaltung, wobei in den Ecken angeordnete Treppentürme dem Verkehr von Geschoß zu Geschoß dienen. Ein Bild von der ehemaligen Pracht gibt die noch erhaltene 1552 ausgeführte Torhauspartie (S. 173), die durch eine reiche Pilasterarchitektur oberitalienischer Auffassung gegliedert, auf allen freien Flächen des Architekturgerüstes mit einer Fülle plastischen Schmuckes bedeckt ist. Über dem Tor steht der Erbauer mit seiner Gemahlin und zwischen den Gurtsimsen stehen die 24 Ahnen des Herzogs, ein Zeugnis des geschichtlichen Sinnes damaliger Zeit. Von der Innenausstattung sind nur wenig Spuren vorhanden, die aber doch erkennen lassen, daß Räumlichkeiten von schönster Wirkung vorhanden waren. Als Baumeister der umfassenden Anlage werden die Italiener Jakopo Baar und sein Schwiegersohn Bernardo Niuron genannt, die auch das Gymnasium und das Rathaus schufen; ihr Wirken fällt zeitlich mit der Tätigkeit des Meisters Wendel Roßkopf in Görlitz zusammen.

Charakteristisch und wertvoll ist dann das von den Herzögen Johann und Karl II. von Oels-Münsterberg erbaute Schloß in Oels, das jedoch zum Teil schon der Spätrenaissance angehört und niederländische Beeinflussung verrät. Am besten erhalten von allen Schlössern Schlesiens vermittelt es vor allem den ursprünglichen Eindruck des großartigen, von kraftvollen Galerien umzogenen Schloßhofes aufs beste (S. 177). Das Äußere zeigt in der Hauptsache geschlossene Massen mit steilen Dächern, die über dem Hauptgesims eine Reihe gleich ausgebildeter Volutengiebel tragen (S. 175, 178), während der mit einer Galerie und einer steilen Haube bekrönte Rundturm wirksam den breiten Stadtflügel durchschneidet (S. 178). Das der Stadt zugekehrte, mit zwei schreitenden Löwen und drei schön gezeichneten Wappen reich ausgebildete Portal des Vorhofes (S. 175) bestätigt den Grundsatz deutscher Renaissance-Baukunst: die einander entsprechenden Baukörper durchaus gleichmäßig auszubilden und so eine vollendete Einheitlichkeit in der Gruppierung zu erzielen. Kaspar Khune und Hans Lucas gelten als Architekten dieses Schlosses.

Wie bei fast allen schlesischen Herrensitzen dieser Epoche sind auch in Oels alle Putzflächen mit einfachen Sgraffiten überzogen, eine Verzierungsart, die damals ungemein verbreitet war, wie viele Schlösser, Wirtschaftsbauten und Stadthäuser erkennen lassen. Auffällig ist es, wie wenig schablonenhaft diese Kunst die Fläche auszuschmücken getrieben wurde; stets finden sich neue Motive, und die Erfindungsgabe auch in figürlichen Darstellungen erscheint unerschöpflich. Wie die Abbildungen vom Ratschenschlosse (S. 180) und vom Hause zum „Wachtelkorb“ in Liegnitz (S. 33) zeigen, ist die Technik des Kratzputzes eine ziemlich einfache, zu der allerdings eine gewisse Kunstfertigkeit und wohl auch künstlerisches Verständnis gehören. Es wäre zu wünschen, käme der wirkungsvolle, gerade für die bürgerliche Baukunst unserer Zeit besonders geeignete Kunstzweig wieder in Aufnahme.

Neben diesen beiden großen Schlössern haben sich auch eine Anzahl kleinerer Anlagen des Landadels erhalten, bei denen gleichfalls das Streben nach Gleichartigkeit im Aufbau und Ausdruck, nach symmetrischer Anordnung der Quergiebel mit vertikaler Tendenz beobachtet werden kann (S. 180). Bis auf die Anlage einer großen, mit rippenlosen Kreuzgewölben geschlossenen Flurhalle stimmen sie alle mehr oder weniger miteinander überein (S. 184). Große Tiefe bedingt oft — auch bei städtischen Bürgerhäusern — die Anlage von Paralleldächern, die durch Doppelgiebel mit bewegter Umrißlinie geschlossen werden (S. 181).

Aus dem wachsenden Luxusbedürfnisse dieser Zeit entwickelte sich die Vorliebe der Fürsten für gärtnerische Anlagen, die wie beim italienischen Garten der Renaissance in enger Beziehung zum Schlosse standen. Der Garten des schlesischen Schlosses jedoch, das von Verteidigungswerken umgeben war, ließ nur eine beschränktere Entwickelungsmöglichkeit zu. Hier könnten die Gesetze der Symmetrie nicht so konsequent Anwendung finden wie im Süden; die Beziehungen des Schloßgartens zum Schlosse mußten notgedrungen jeweils der Örtlichkeit entsprechend gestaltet werden. Eine Handzeichnung von Saebisch aus dem Jahre 1650 zeigt die Eingliederung eines derartigen Gartens in die Liegnitzer Schloßanlage (S. XXI).

Nach der Beendigung des 30jährigen Krieges geriet auch Schlesien, wie wir ja bereits gesehen haben, in eine gewisse künstlerische Abhängigkeit von Italien; nicht allein beim katholischen Kirchenbau, dessen wichtigste Formen von dort übernommen wurden, auch beim Schloßbau sind jetzt italienische Baumeister tätig. Allerdings werden hier, viel mehr als dort, die Formen der Überlieferung entsprechend verarbeitet. Schloß Groß-Peterwitz, das von der Gräfin Colonna 1693 erbaut wurde, zeigt zum erstenmal, mit welch dekorativen Mitteln diese Meister ihre großzügigen Wirkungen erreicht haben (S. 187). Der an sich so einfache Hauskubus, der im Barock beim Hausbau immer vorherrscht, hat eine ganz regelmäßige Achsenteilung, und die von naturalistischen Stuckornamenten zergliederte Pilasterarchitektur, mit ihrem wirkungsvollen Lichtwechsel auf den vor- und rückspringenden Massen, wird durch das starke, wagrechte Hauptgesims zu kraftvoller, klarer Wirkung zusammengehalten. Schloß Saabor bei Grünberg (S. 201), einfacher dekoriert, interessiert uns mehr durch die Gruppierung und den schönen Arkadenhof.

Während es im 17. Jahrhundert vorwiegend italienische Baugedanken sind, die die barocke Stilentwickelung beeinflussen, dringen im Gegensatz dazu im 18. Jahrhundert, als die fast international gewordene, französische Kultur über Wien und Prag auch nach Schlesien kam, vornehmlich französische Motive in den Schloßbau ein. Die Verbreitung französischer Sitte und Lebensweise war seit dem großen Kriege eine so weitgehende, daß auch der Wohnbau der am meisten von ihnen beeinflußten Adeligen davon berührt werden mußte. Die Symmetrie in der Ausbildung der Räume, die Bestimmung der Größenverhältnisse nach der Benutzungsart, die Anlage der Türen in einer Flucht sind ganz neue Elemente, die zu einer bemerkbaren Verfeinerung der Grundrißbildungen führten. Ganz erheblich wird der Aufbau durch den symmetrischen, achsenbetonenden Ausdruck der Fassaden beeinflußt, der allen, selbst den einfachsten Gutshäusern typisch ist. Es gibt in Schlesien eine Reihe von Schloßanlagen, die im Grundriß ähnlich wie französische Hôtels, in drei Flügel um einen cour d'honneur liegen, der wie z. B. in Wölfelsdorf von der Straße durch eine Brüstungseinfassung oder einen niedrigen Torbau getrennt ist. Selbst in Fällen, in denen man mittelalterliche Anlagen erneuert hat, ist man wie in Boyadel und Mittelwalde von der regelmäßigen Grundrißdisposition nicht abgegangen. Der Mittelbau wird gegenüber den Seitenflügeln, in denen Wirtschaftsräume, Wohnungen der Diener und Remisen untergebracht sind, stets als Hauptkörper betont.

Bei Schloß Goschütz, einer Anlage die durch die Menge abwechslungsreicher Bilder überascht, wird der rechteckige Hof durch Anbauten und Querflügel erweitert (S. 207 bis 210). Die Symmetrie gehört ebenso zum Wesen dieser Schloßbauten, wie die Anlage imposanter, ein- oder mehrmals gewandelter Treppenanlagen, die in der Regel mit dem durch sie zugänglichen Gartensaal den künstlerischen Kern des Hauses bilden.

In Grafenort, einer frühen Schöpfung, ist die Haustreppe noch unbedeutend. Vom Gartensaal aber führte eine breite Freitreppe in den Garten hinunter. Mittelwalde hat eine große Halle im Erdgeschoß, von der die Geschoßtreppe in einem aufwandsvoll angelegten Lauf nach den Festräumen im Obergeschoß emporführt (S. 188). Die Halle des Schlosses Klein-Kotzenau, dessen flache Decke mit graziösen Stuckornamenten köstlich ausgeschmückt ist, betritt man auf breiten, dreifach gewandelten Doppeltreppen (S. 193). Auf der Westseite entfaltet sich auch hier eine Doppelfreitreppe in mehreren Läufen nach dem Garten zu (S. 192).

Den klaren, übersichtlichen Treppenanlagen entspricht die Haltung der Räume im Innern. Sie sind hoch — oft unverhältnismäßig hoch; ihre Decken sind flach und häufig, so im Musiksaal in Saabor, mit reichen Stuckdekorationen geziert (S. 203), die, wie im Webskyschlössel zu Breslau (S. 46) immer eleganter und graziöser werden, je mehr sie sich dem Rokoko nähern.

Die Mehrzahl der aus dem 18. Jahrhundert stammenden Herrenhäuser, auch die kleineren Maßstabes, sind einfachere Lösungen, entstanden aus den Bedingungen einer klar gefaßten Bauaufgabe, sachlich und schlicht, darum aber nicht weniger beachtenswert und schön (S. 199). Gerade weil sie rein architektonisch ohne jede Dekoration gestaltet wurden, wirken sie so ansprechend in ihrer Einfachheit.

Die Toreinfahrten sind vorzugsweise als geschlossene Durchfahrten durch Gebäudeteile, die ihrerseits wieder in Beziehung zum Schloß stehen, ausgebildet worden. Interessante Beispiele hierfür sind die Torhäuser in Prauß (S. 228) und Goschütz (S. 208), über dessen Durchfahrt ein lustig geschwungener Uhr- und Glockenturm sitzt.

* * *

Stark vom elegant gewordenen Wiener Barockstil beeinflußt, eigenartig und von eigentümlichem Reize sind die Gartenanlagen der schlesischen Adelssitze. Vornehmlich die Kreise des Hochadels, riefen damals nach Wienerischen Vorbildern kleinere Residenzanlagen ins Leben, die allein durch die Rücksicht auf eine möglichst wirkungsvolle Repräsentation bestimmt sind, ohne doch reine Nachahmungen zu sein. Denn die Architekten des 18. Jahrhunderts haben gerade derartige Aufgaben mit außerordentlichem Geschick unter Anpassung an die gegebenen Verhältnisse und das Gelände zu lösen gewußt. Gestalt und künstlerisches Gepräge geben jenen Gärten aber erst die rauschenden Feste hoher Lebenslust und Prachtentfaltung, die nun ihren Einzug halten. Wie das Schloß nach den Bedürfnissen des praktischen Lebens gestaltet wird, so paßt sich auch der Garten dem gesellschaftlichen Leben an, um ihm eine Heimstätte von künstlerisch vollkommener Einheitlichkeit zu bieten. Dabei bildet das Schloß, durch lange, mit schönen Bäumen bestandenen Anfahrtsalleen mit der Landschaft in Beziehung gebracht, stets den Mittelpunkt. In der Grafschaft Glatz, wo naturgemäß Wiener und Prager Einflüsse am stärksten

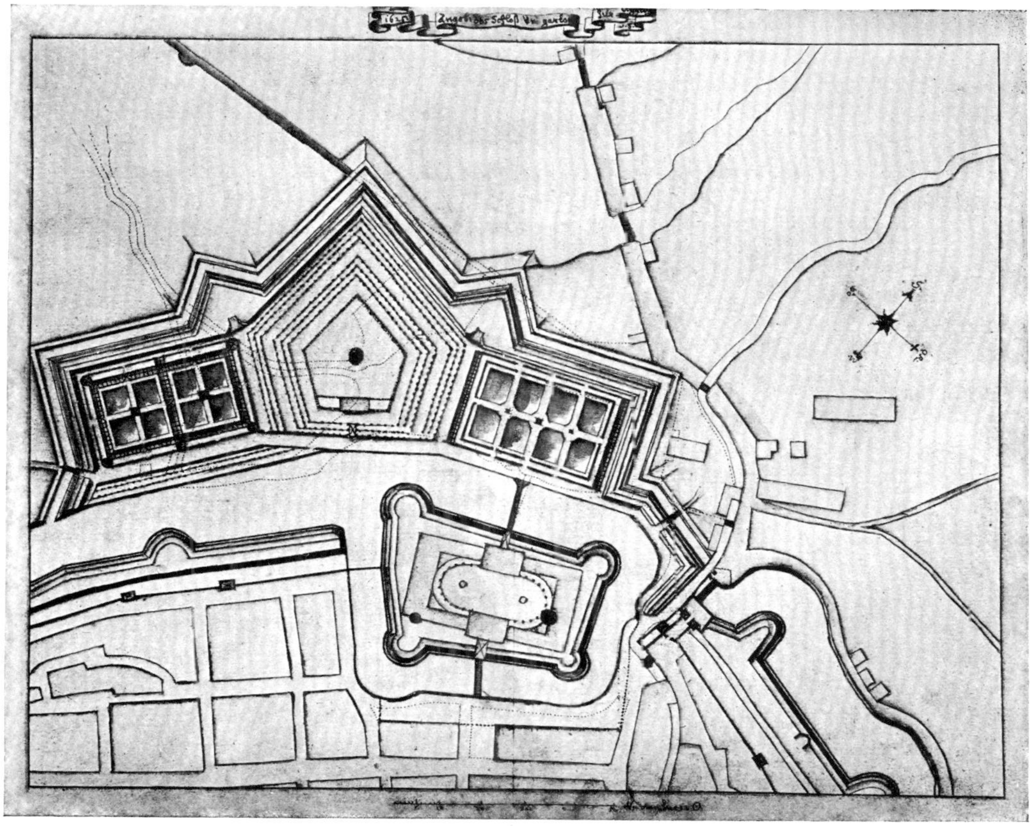

Liegnitz. — Der Schloßgarten. Nach einer Handzeichnung von Saebisch von 1625 in der Stadtbibliothek zu Breslau

wirksam waren, haben sich bis heute zahlreiche Anlagen derart erhalten, daß sich unschwer ein Bild ihrer ursprünglichen Gestaltung gewinnen läßt.

Wo die Künstler, wie bei Schloß Hassitz (S. 194), eine kleine Anlage zu gestalten hatten, waren sie bescheiden in der Verwendung ihrer Ausdrucksmittel. Das Prinzip, die Linien des Hauses im Garten fortzusetzen, tritt aber auch bei dieser einfachen Komposition deutlich hervor. In graziös geschwungenen Kurven, die zarten Knickpunkte durch Vasen und Pyramiden betont, schließen die Böschungsmauern die kleine Gartenanlage auf der Südseite ein (S. 195). Vom Gartenparterre aus gelangt man in die achsial gelegene Eingangshalle, die mit der einläufigen Treppe fast ein Viertel des Hauses einnimmt. Reizvoll ist der Blick durch die seitliche Treppenpforte auf das Schloßportal (S. 193).

Gut gelöst erscheint auch die Pischkowitzer Anlage, die sich zwischen Schloß und Kirche einfügt (S. 212). In der Achse der Breitseite steigt eine lange Treppe, die sich vor ihrem Ziel in zwei Viertelkreisarme teilt, in prächtiger perspektivischer Wirkung zur Schloßterrasse empor. Vor der östlichen Schmalseite des Schlosses liegt, früher durch eine Grabenbrücke zugänglich, ein freier Platz; daran schließt sich, durch eine Freitreppe zu erreichen, ein höherliegender Terrassenplatz, dessen Sandsteinbrüstungen Blumenbeete und Rasenplätze umschließen und der durch eine abschließende, haushohe Buchenhecke räumliche Wirkung erhält. Die Grundform der Terrasse, die sich an die vorhandene Kreisform der Kirchhofmauer anlehnt, läßt die schmiegsame Anpassungsfähigkeit der Barockmeister an das Vorhandene erkennen; von ihrem Zusammenschluß aus hat man über den Park mit seinen Balustraden, Fontänen und schönen Bäumen hinweg einen Blick von reizvoller Wirkung. Neu ist die Anlage eines sich östlich an die Buchenhecke anschließenden Irrgartens, durch den man nach viel Irrwegen zu einem reizvollen Pavillon gelangt (S. 212). Die ganze Einfügung der Anlage auf den schmalen Hügelrücken zwischen Schloß und Kirche ist eine glänzende Lösung der schwierigen Aufgabe.

Eines der ältesten Beispiele dürfte die im wesentlichen vom Grafen von Cosel, einem Sohne Augusts des Starken, geschaffene übersichtlich und klar situierte Anlage von Saabor sein (S. 200). Der größte Reiz dieser Schöpfung liegt in der Ausgestaltung des großen Schloßplatzes zu einem von sechs Kavalierhäusern umgebenen Ehrenhofe von schönster Wirkung, dessen Mitte eine groß angelegte Fontäne betont (S. 200); den Eingang weisen einige mit Vasen bekrönte Pfeiler, zwischen zweien der Kavalierhäuser. Um das Schloß, das einen Arkadenhof umschließt, legt sich ein durch Brüstungen begrenzter Wasserkanal. Die Fortsetzung nach der Südseite bildet eine breite Schneise, die den prachtvollen Laubwald durchquert und am Ufer des Saaborsees endet. Der achsial gelegene, schöne Gartensaal bietet reizvolle Durchblicke nach Ehrenhof und See (S. 202).

Auch bei Klein-Kotzenau ist bei der Gestaltung der ganzen Anlage, die sich nach zwei Achsen entwickelt, das Wasser mitverwendet worden. Eine große Doppelfreitreppe führt nach dem Rasenparkett der nach Westen entwickelten Achse. Daran schließt sich, von Figuren und Vasen eingefaßt, ein langgestreckter Teich (S. 190, 192), zu dessen beiden Seiten Alleen entlangführen, die jetzt allerdings, durch allzu starken Baumwuchs die Größe des Teiches ungünstig beeinflussen. Den Beschluß bildet eine Schneise, von einer plastischen Gruppe abgeschlossen. Dieser Teil ist von schöner, räumlicher Wirkung, wobei die reichliche Verwendung von Rasenböschungen um Teich und Gartenparterre besondes charakteristisch erscheint. Südlich umschließen das umfangreiche Schloß (S. 191) und zwei seitlich gelegene Kavalierhäuser (S. 190, 194) einen Hof, der früher wohl als Festplatz benutzt, heute mit Rasen bedeckt und ebenso wie die auf beiden Seiten sich anschließenden oblongen Rasenplätze in der Mitte mit einem Brunnenbecken geziert ist.

Eine Entwickelung des Gartens, parallel zur Hauptfront des Schlosses, ist bei Grafenort zu beobachten, was sich ergibt, wenn die vorhandenen Reste mit einer Vogelperspektive der Gesamtanlage aus dem Album der Grafschaft Glatz von Pompejus (S. 181) verglichen werden. Die Schloßachse wird durch eine figurengeschmückte, breite Freitreppe hervorgehoben, auf die, durch ein Tor zugänglich, ein breiter mit Hecken umfaßter Weg führt. Im Schnittpunkt zweier sich schneidender Heckenwege in der Längsrichtung steht ein Grottenpavillon (S. 222), der im Inneren mit schwülstigen Stukkaturen geschmückt ist. Die grünwandigen Heckenräume mit ihren Perspektiven auf Fontäne, Pavillons und Orangerien, ähnlich wie die in Rohnstock und Schlanz (S. 198), sind oft von bezaubernder Wirkung. Zu beiden Seiten der breiten Alleen lagen die intimeren Teile des Gartens mit ihren lauschigen Laubengängen, Heckennischen und Pavillons.

Organischer ist Wölfelsdorf angelegt; allerdings muß auch hier die erklärende Perspektive des schon genannten Albums zu Hilfe genommen werden (S. 204). Zwei Schloßhöfe sollten ehemals das Schloß (S. 205) zu beiden Seiten flankieren, jedoch wurde nur der rechte Flügel ausgeführt. Die durchfließende Wölfel teilt die Gartenanlage in einen Schloß- und einen Ziergarten, wobei besonders merkwürdig ist, daß nur der Schloßgarten achsial durch ein in der Mitte angeordnetes Wasserbecken und die regelmäßig geschwungene Umfassungsmauer komponiert ist. In ihm standen einst in Heckennischen die jetzt noch vorhandenen Figuren und Fruchtvasen (S. 204). Die Hauptachse des Ziergartens ist nach rechts verschoben. Bei der symmetrischen Anlage beider Gärten und der Anlage der Tore an der Wölfel ist jedoch anzunehmen, daß sich der Ziergarten in zwei Achsen, rechts und links der Schloßachse, entwickeln sollte — daß aber dieser Plan wie ja auch der Ausbau des Schlosses, nicht zur Ausführung kam. Eine rasenbestandene durchbrochene Brüstung, trennt den Obst- vom Ziergarten; rechts und links liegen Orangerien und Gärtnerhaus. Grotten und Pavillons, wie sie sonst üblich sind, fehlen. Die sich kreuzenden Achsen des Ziergartens sind durch vier aufwandsvolle, jetzt stark vernachlässigte Portale zugänglich. Eine Fontäne betont den Mittelpunkt der Komposition. Auch hier wird die Bildhauerkunst in ausgedehntem Maße zur Belebung herangezogen; Gestalten der klassischen Götterwelt standen in den nischenartigen Vertiefungen der Hecken, und belebten mit ihrem leuchtenden Weiß das geschlossene Grün des Hintergrundes.

Eine Anlage, bei der eine breite großartige Terrassenanordnung den Hauptteil der architektonischen Gesamtposition bildet, ist die zu Eckersdorf (S. 216). In drei Stufen erhebt sich die rund 120 m lange Terrasse, zu der in der Mitte zwei schön geschwungene und seitlich je eine gerade Treppe emporführen (S. 216). Die oberste Terrassenbrüstung ist im Grundriß in lebhaft vor- und rückspringender Linie geführt, wodurch reizvolle perspektivische Wirkungen entstehen (S. 217). An das große, baumbestandene Terrassenparterre schließt sich, umrahmt von zwei Kavalierhäusern, den Orangerien und den Gewächshäusern, der Rosengarten an, dessen Mitte auch hier eine Fontäne betont. Besonders reizvoll sind die Gartenarchitekturen; die durch Doppelfreitreppen zugänglichen Kavalierhäuser (S. 218) und die alte Orangerie, deren schöner, elliptischer Innenraum durch einen Laufbrunnen gekühlt wird, sind, trotz einfachster Form, in Größe und Umrißlinie doch überaus fein abgestimmt.

Kleinere Anlagen, auf die eine wirksame Entfaltung des gesellschaftlichen Lebens nicht so ausschlaggebenden Einfluß ausübte, benutzten mit Vorliebe das Gelände, wie es sich darbot, um nur mit Hilfe von Hecken und Terrassen doch wirkungsvolle Gartengebilde zu schaffen. Ein heckenbestandener Terrassengarten hat sich in Rückers erhalten (S. 227). Er ist durch ein Portal, das steinerne Sphinxen bewachen, zugänglich (S. 226). Die Mitte des ersten Absatzes ziert das schön geschwungene Becken eines Springbrunnens (S. 227), dessen Strahl von allen Terrassen aus gesehen werden kann.

Obgleich die Vergewaltigung von Baum und Strauch stets etwas Widersinniges an sich hat, muß doch zugegeben werden, daß damals große Wirkungen damit erreicht wurden. Die naturbeherrschende Kunst, die im wesentlichen Raumkunst war, erfüllte ihren Zweck insofern, als sie große, auf das Gemüt wirkende Eindrücke schuf.

Eine der größten Anlagen dieser Zeit darf, obgleich sie nicht mehr vorhanden ist, hier doch nicht übergangen werden. Es ist der ehemalige Garten des Fürsten Hohenlohe in Scheitnig bei Breslau, dessen Lage durch ein noch vorhandenes Schloßhäuschen an der Leerbeuteler Chaussee bestimmt wird, von dem aus er sich weit nach

Osten zog. Erstaunlich groß muß in ihm die Anzahl der Schloß- und Parkbauten gewesen sein, wie uns ein Plan von 1800 verrät (S. 228). Da gab es: Orangeriesaal, Zwinger, Billardhaus, Kegelbahn, Reitbahn, Theater, Rotunde, Schießhaus, Eremitage usw. Man sieht, die Zeit wußte zu leben. Über alle diese Planungen geben auch noch zahlreiche Stiche und Zeichnungen Auskunft, was charakteristisch ist für die Beliebtheit, deren sich derartige Schöpfungen bei den Zeitgenossen erfreuten.

Die Gedanken, die nach der Barockzeit die Architektur beherrschen, finden auch in der Gartenkunst ihre Verwirklichung. Die bestehende Etikette wird abgeschafft, man versucht, zur Natürlichkeit zurückzukehren. Dies brachte einen Umschwung auch in der Gartenkunst hervor, da ja auch sie sich mit veränderter Lebensauffassung wandelt. Die Reaktion gegen die Ausartungen des Spätbarocks, so gegen die unnatürliche Behandlung der Hecken, ging von England aus. In Deutschland war es vornehmlich der schlesische Fürst Pückler-Muskau, der für die Ideen des Landschaftsgartens maßgebenden Einfluß ausübte. Man suchte wieder Anschluß an die Natur. Vom Schloß aus mehren sich die Ausblicke in die Landschaft. Unabhängig vom Zentrum, werden in den umgebenden Park schnurgerade Straßen gelegt, die sich an verschiedenen, als regelmäßige Kreise ausgebildeten Punkten fächerförmig schneiden. Künstliche Seen unregelmäßiger Grundform, mit Tempeln geschmückte Inseln, Teehäuschen mit Ausblicken auf landschaftlich hervorragende Szenerien werden angelegt.

In dieser Zeit war es die Lieblingsbeschäftigung einiger deutscher Fürsten, Siedlungen zu gründen und diese in Beziehung zu ihren Schloßbauten zu bringen. Gleich wie früher schon Gärten an die Formen der Stadtgrundrisse gleicher Zeit anklingen, so wurde auch jetzt der Gartenstil des 18. Jahrhunderts ins Städtebauliche übertragen. Aus diesen Erwägungen heraus ist auch das vom Herzog Karl Christian Erdmann von Württemberg-Oels (gest. 1792) im Jahre 1747 gegründete Carlsruhe in Oberschlesien zu verstehen (S. 220). Keine eigentliche Stadtgründung ist es, sondern ein großzügig angelegter Fürstensitz von regelmäßiger Gestaltung, in dem ein achtstrahliger Straßenkern, in dessen Mittelpunkt das gut gegliederte, von acht vornehmen Kavalierhäusern (S. 223) umgebene Schloß (S. 219) steht, das das Hauptmotiv der Anlage bildet. Eine Ringstraße macht die Wirtschaftshöfe der Herrschaftshäuser zugänglich. Die Absicht, das ganze große Jagdgebiet durch diese acht Sternstraßen und die von ihnen ausgehenden Nebenstraßen zu eröffnen, ist völlig erreicht worden. Interessant ist die Stellung von Kirche und Konzerthaus außerhalb des Kerns. Erstere, 1765 erbaut, mit bemerkenswertem Grundriß und gutem Aufbau (S. 141), steht in der Mitte einer vom Schlosse ausgehenden Sternstraße. Seitlich schließt sich an sie der Friedhof von regelmäßiger Form an. Die bescheidene Anordnung des Konsertsaales (S. 223), in dem Karl Maria von Weber öfters zu Gast gewesen ist, erhielt durch die leichte Strenge seines Ausdrucks vornehmen Charakter. Allseitig nach den Wäldern zu löst sich die Regelmäßigkeit des Kerns auf. Schöner als die strengen Parkanlagen der Barockzeit dünkten jener Zeit die freien Wälder und wasserreichen Teiche mit ihren idyllischen Inseln. In Carlsruhe gibt es davon eine ganze Anzahl, so den Wilhelminen-, Paulinen-, Friederiken-, Sophien- und Schwedenteich. An ihren Ufern und auf ihren Inseln stehen weniger streng stilisierte Pavillons und Schlößchen, mit prächtigen Aussichten in die reizvolle Umgebung.

Von besonderer Schönheit sind die erhaltenen Kleinarchitekturen jener Zeit, das Weinbergschlößchen (S. 221), der Erdmannpavillon (S. 229), das Schwedenschloß (S. 222) usw., errichtet in jener nüchternen, aber gesunden Sachlichkeit, in die sich der Klassizismus umsetzte, wenn er mehr bürgerlich auftreten mußte. Mit ihren geraden Linien, flachen Lisenen, schlichten Säulenvorhallen, die Dächer mit Schindeln gedeckt, die Wände weiß getüncht, sind diese kleinen Bauwerke voll angenehmer Gartenheiterkeit. Der gesamten Anlage von Carlsruhe inmitten prächtiger Waldungen und den stillen Wasserflächen wohnt ein eigener Reiz inne, dem sich das empfindende Gemüt nicht leicht entziehen kann.

Von ähnlicher Stimmung, wie die Bauten zu Carlsruhe, sind die kleinen Gartenhäuschen in dem von Langhans nach den Regeln der Landschaftsgärtnerei umgeänderten Park von Dyhernfurt. Mit weiser Berechnung ist auch bei ihnen auf alle überflüssige Dekoration verzichtet worden, um die eigentlichen, konstruktiven Elemente durch sich selbst wirken zu lassen (S. 223). Besonders reizvoll ist das mit einer Flachkuppel abgeschlossene schon erwähnte Teehäuschen (S. 222).

Bei ganz kleinen Anlagen aus dieser Zeit, denen keine großartige Natur zur Seite stand, sind auch andere Wirkungen erstrebt und erzielt worden, und es ist gewiß das schönste Lob, das man diesen kleinen bürgerlichen Leistungen spenden kann, wenn man feststellt, daß sie nicht die Parks der großen Herren nachzuahmen strebten, sondern in ihrem eigenen Rahmen Ziel und Befriedigung fanden. Ihr Reiz ist mehr in der wohnlichen Ausgestaltung der Einzelheiten zu suchen. Einen schlichten bürgerlichen Hausgarten aus der Zeit um 1800 lernen wir in dem Mittelwalder Lindenhofe, einer Schöpfung des Leinwandhändlers Karl Ludwig, kennen (S. 224, 229).

* * *

Die Anfänge schlesischer Industrie lassen sich bis fast in die Zeit der Städtegründung zurück verfolgen. Insbesondere war der Mühlenbetrieb schon frühzeitig sehr bedeutend. Den Aufschwung von Handel und Industrie im 13. und 14. Jahrhundert zeigt z. B. die Verbreitung dieses Gewerbes in Breslau. Da gab es eine Neue, Marien-, Herren-, Claren-, Siebenrade-, Ketzer-, Matthias- und Leichnamsmühle und auch eine Papiermühle. Neben den Städten betrieben auch die Klöster und Grundherren die jedenfalls sehr einträgliche Müllerei.

Jünger ist die Leinwandweberei, die sich vorzugsweise in den Gebirgsgegenden einbürgerte und die unter der zielbewußten Gesetzgebung Friedrichs des Großen am Ende des 18. Jahrhunderts einen großen Aufschwung nahm. Auch Bergbau und Eisenindustrie, Jahrhunderte lang von untergeordneter Bedeutung, haben dem großen König ihre fortschreitende Entwicklung zu verdanken.

Von den zahlreichen Bauten, die diese Industriezweige beherbergten, sind eine Anzahl noch in ihrer alten Gestalt erhalten. Ausgesprochene Nutzbauten, erscheinen sie darum beachtenswert, weil sie zeigen, daß man ihnen eine Form zu geben verstand, die ihren Zweck deutlich ausdrückt. Aus Zeiten einer guten, traditionellen Baukultur stammend, gliedern sie sich ihrer Umgebung harmonisch ein, und gereichen ihr durch die Anständigkeit ihrer Erscheinung häufig sogar zum Schmuck. Bei aller Anlehnung an die Formen des Wohnbaues hat man diese doch nicht ängstlich übernommen und auf dekorative Ausgestaltung gern zugunsten einer logischen Gliederung und eines klaren Aufbaues verzichtet. Wie selbstverständlich fügt sich z. B. die Reinerzer Papiermühle der Landschaft ein (S. 231). In ihrer Schmucklosigkeit nur dem Zweck dienend, im Äußeren vollständig der Ausdruck des Inneren, klar und sachlich erscheint sie in die Umgebung gleichsam hineingewachsen. Die alte einfache Hausform, aus der sich dieser Bau entwickelt hat, das heimische Material, die dunkeln Bretter und im kräftigen Gegensatz dazu die weissen Wände, sowie das für die alten Glatzer Bauten typische Schindeldach, alles wirkt zusammen und ordnet sich der Gesamtwirkung fein und willig ein. Von anderer Art sind die sogenannten Leinwandhäuser, Wohn- und Verkaufsräume der Leinwandhändler mit anschließendem Lagerhaus für die aufgestapelten Waren. Ein gutes Beispiel dafür ist das Webskyhaus in Tannhausen (S. 57). Schon mehr Kaufhauscharakter hat das schöne, laubengeschmückte Ludwighaus in Mittelwalde (S. 39), das einer von jenen Firmen gehörte, deren großer Wohlstand durch die napoleonischen Kriege vernichtet wurde. Eine Reihe weiterer Nutzbauten aus dem 18. Jahrhundert, vorzugsweise die von Friedrich dem Großen errichteten Bauten für militärische Bedürfnisse (S. 232), zeigen das Bestreben, sich in einfacher klarer Ausdrucksweise äußerlich so zu formen, wie der Zweck es verlangt. Ihnen schließen sich die gleichfalls rein praktischen Zwecken dienenden, landwirtschaftlichen Bauten an. Scheunen, Ställe, Speicher usw. (S. 234), die in ihrer völligen Schmucklosigkeit, nur rein praktische Gesichtspunkte berücksichtigen, zeigen, wie mit einfachen Mitteln ein Nutzbau schön gestaltet werden kann, wie Klarheit und Zweckmäßigkeit zugleich der wahren Schönheit dienen und wie glücklich und selbstverständlich sich solche Bauten der Landschaft einpassen, um sie zu bereichern.

* * *

Die vorgeführten Beispiele alter schlesischer Baukunst und der ihr verwandten Gebiete, die natürlich keinen Anspruch auf Vollständigkeit machen, werden die Überzeugung festigen, daß in ihrer Gesamtheit ein großer Schatz von Baugedanken und Formen erhalten ist, dem die sich stetig wandelnden Zeiten jeweils den Charakter der Bodenbeständigkeit aufgedrückt haben. Das 19. Jahrhundert bildet leider keine erfreuliche Fortsetzung dieser Entwickelungsreihe. Seine Bezeichnung als Zeitalter der Banalität ist auf baulichem Gebiete wohl verdient. Die sichtbare Schönheit der schlesichen Lande nahm, wie überall in Deutschland, schnell ab. Die Betätigung in der stark fortschreitenden Industrialisierung hatte eine immer größer werdende Entfremdung von Natur und Kunst zur Folge, und damit schwanden, auch nach und nach die Achtung vor der Überlieferung und die Liebe zu alter heimischer Kunst. An ihre Stelle traten Gleichgültigkeit gegen künstlerische Dinge und Anspruchslosigkeit auf idealem Gebiet.

Erst gegen Ende des 19. Jahrhunderts setzten Kulturbestrebungen ein, die den Zusammenhang mit der Natur wieder suchten und vereiteln wollten, daß Stadtbild und Landschaft durch mißgestaltete Bauwerke zerstört wurden. In den letzten Jahren faßten diese Bestrebungen auch in Schlesien festen Fuß.

Das Interesse der Allgemeinheit für die heimische Kunst, insbesondere für die Architektur, ist im Steigen begriffen. Aber nur wenige haben einen Begriff von der Mannigfaltigkeit und dem Reichtum schöner, unvergänglicher Werte früherer Zeiten, die doch auch in Schlesien auf allen Wegen zu treffen sind.

Aus den Bildern, die nur eine kleine Auslese des Bestandes sein sollen, ist zu erkennen, wie jede Periode künstlerischer Kultur die Beherrschung und selbstverständliche Verwertung einer Reihe von Formen und Gestaltungselementen voraussetzt, die jahrhundertelange Tradition dem Handwerke und der Kunst vermittelt. Im Interesse der Gesundung der Verhältnisse auf baulichem Gebiete ist es notwendig, daß sich die jetzigen Meister Mühe geben, diese Formen und Gestaltungselemente und die feinen Umänderungen ihrer Wirkungen zu erfassen. Einzelne Schöpfungen, gerade aus dem Ende des 18. Jahrhunderts, werden in ihrer Schlichtheit und Anspruchslosigkeit vielleicht vielen auf den ersten Blick nüchtern erscheinen, bis ein genaues Studium die feine Berechnung erkennen läßt, mit der einfache, architektonische Werte zu wirkungsvoller Harmonie zusammengestimmt wurden.

Der Zweck vorliegender Veröffentlichung ist jedoch auch der, den Fachleuten und denjenigen Laien, die ihren Blick zu schulen gewillt sind, einen Einblick in die Fülle von Schlesiens baukünstlerischen Schöpfungen zu geben. Sie werden daraus vor allen Dingen erkennen, daß auch das einfachste und bescheidenste Objekt seine künstlerische Wirkung nicht verfehlt, wenn es mit gefühlvollem Verständnis für die praktischen Bedürfnisse und für die räumliche Umgebung erdacht und ausgeführt wird. Dem Buch liegt schließlich der Gedanke zugrunde, die einzelnen Bauten usw. durch Wort und Bild so darzustellen, daß sie körperlich auf die Sinne des Anschauenden wirken, und nachhaltige Eindrücke hervorrufen.

Die Ideen der Denkmalpflege und des Schutzes der Heimat sowie die Bestrebungen, die sich notwendigerweise daraus auf die Verbesserung der Bauweise in Stadt und Land richten, gewinnen auch in Schlesien ständig an Boden. Daher fanden die Vorarbeiten für den vorliegenden Versuch einer zusammenfassenden Darstellung von guten alten Werken schlesischer Baukunst aller Kunstepochen überall rege Unterstützung. Namentlich möchte ich mit besonderer Dankbarkeit an dieser Stelle gedenken Sr. Durchlaucht des Prinzen von Schönaich-Carolath auf Saabor, des Herrn Provinzialkonservators, Regierungs- und Baurat Dr. Burgemeister, des Schloßhauptmanns von Oppen in Carlsruhe, des Herrn Pastor prim. Obst in Reichenbach sowie der Herren Direktoren und Bibliotekare des Königl. Staatsarchivs und der Stadtbibliotek in Breslau.

Kloster Leubus an der Oder

Glatz. — Gesamtansicht von der Neißebrücke aus

Breslau. — An der Kreuzkirche

Breslau. — Blick über den Ring

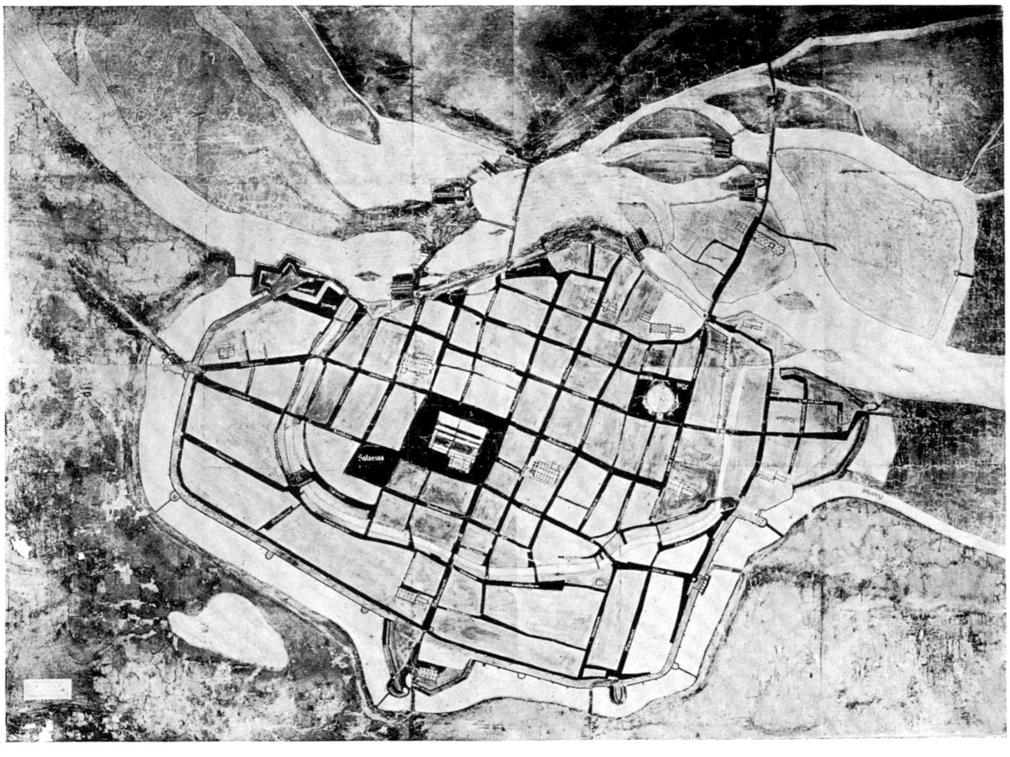

Breslau. — Der erste amtliche Stadtplan vom Jahre 1578
Von Stadtbaumeister Friedrich Groß († nach 1589)

Greiffenberg. — Blick nach dem Ring zu

Namslau. — Eine Seite des Ringes
Im Hintergrund die Pfarrkirrche

Habelschwerdt. — Stadtbild an der Berglehne

Löwenberg. — Alte Häuser am Rathaus

Breslau. — Ringecke an der Elisabethkirche
Turm von 1482, Turmaufsatz von 1534

Breslau. — Der Ritterplatz mit der Vinzenzkirche (14. und 15. Jahrh.) und der Hochbergschen Kapelle, erbaut von Christoph Hackner

Liebental. — Der Untermarkt

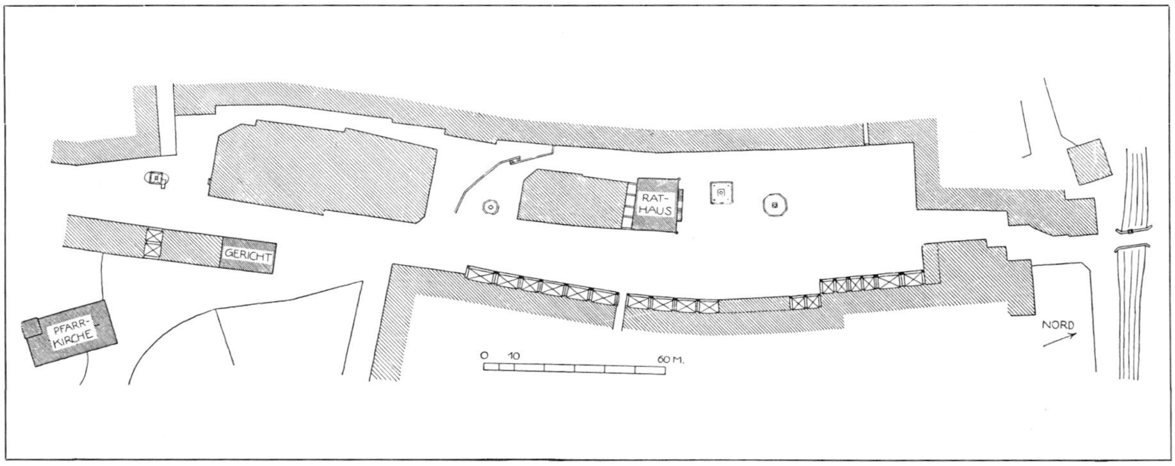

Liebental. — Plan der Marktanlage vom Jahre 1912
Maßstab 1:2500

Liebental. — Straßenecke mit Brunnen

Liebental. — Blick durch die Lauben auf die Heiligensäule von 1712

Görlitz. — Am Untermarkt

Görlitz. — Die Häuser Untermarkt 13 und 14

Breslau. — Die Häuser 4 und 5 am Blücherplatz mit dem Turm der Elisabethkirche (5 jetzt abgebrochen)

Breslau. — Die Tannichtgasse mit Blick nach dem Neumarkt zu

Glatz. — Brunnen auf dem Niederring, 18. Jahrh.

Neiße. — Blick über den Ring und Brunnen von 1700

Breslau. — Das Orphanotropheum an der Kreuzkirche

1715 von Bischof Franz Ludwig Pfalzgraf von Neuburg und Kurfürst von Trier gegründet. Nepomuksäule von 1732

Sagan. — Ein Haus an der Gymnasialkirche. (Turm von 1604)

Breslau. — Das fürstbischöfliche Palais in der Domstraße

Glatz. — Platz an der katholischen Pfarrkirche

Neiße. — Der Bischofshof und die Jesuitenkirche

Neiße. — Das Jesuitenkollegium, jetzt Gymnasium, 1709—1722

Neiße. — Bischofstraße

Oels. — Der Breslauer Torturm, 15. Jahrh.

Neiße. — Der Breslauer Torturm, 16. Jahrh.

Liebental. — Blick in eine Schwibbogengasse

Glatz. — Die Lauben am Oberring, 1563

Görlitz. — Die Lauben am Untermarkt

Liebental. — Blick durch die Lauben am Untermarkt

Mittelwalde (Gr. Glatz). — Eine Laubenstraße

Bolkenhain. — Eine Laubenstraße

Schönberg (O. L.). — Das alte Rathaus und die Pfarrkirche

Schönberg (O. L.). — Häuser am Ring

Breslau. — Die alte Gröschelbrücke, abgebrochen 1892

Glatz. — Die Brücke über den Mühlgraben, etwa 1390

Breslau. — Das Rathaus von Osten, 15. Jahrh.

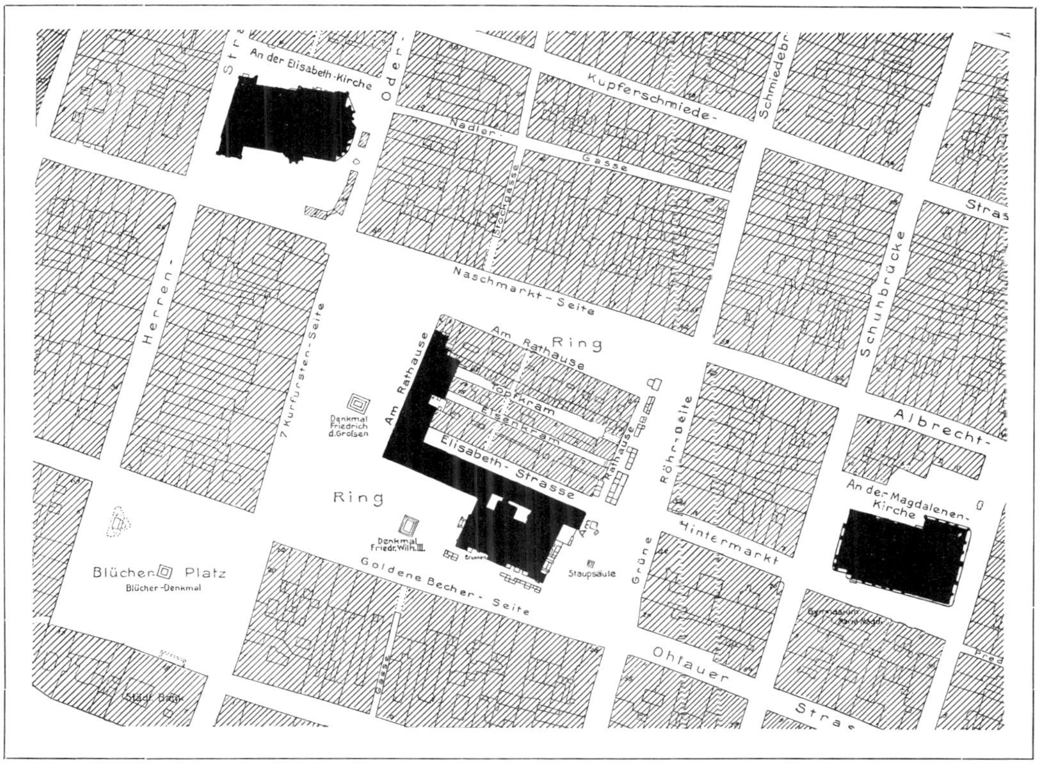

Breslau. — Der Ring mit dem Blücherplatz und dem Platz an der Elisabethkirche
Maßstab 1 : 5000

Breslau. — Das Rathaus. Ostgiebel (15. Jahrh.) und Staupsäule

Breslau. — Das Rathaus. Der Mittelerker der Südseite. Etwa 1480 erbaut

Löwenberg. — Das Rathaus, 16. Jahrh.

Bunzlau. — Das Rathaus (16. Jahrh.), umgebaut Ende 18. Jahrh.

Breslau. — Das alte Leinwandhaus und die Wache am Ring, abgebrochen 1862

Görlitz. — Die Rathaustreppe mit Rednerkanzel, 1537
Darüber Wappen des Königs Matthias Corvinus (1469—1490)

Görlitz. — Das Rathaus. Der Archivflügel, 1564

Görlitz. — Das Rathaus. Der Gerichtsbaulaubenerker, 1564

Brieg. — Das Rathaus, um 1570. Architekten: Jacopo Baar und Bernardo Niuron

Prausnitz. — Das Rathaus mit angebautem Bethaus

Hirschberg. — Das Rathaus, 18. Jahrh.

Schmiedeberg. — Das Rathaus, 1788

Breslau. — Das jetzt abgebrochene Haus „zur goldenen Krone“ am Ring, 16. Jahrh.

Görlitz. — Die Apotheke am Untermarkt

Sagan. — Katholische Pfarrkirche mit Pfarrhaus

Görlitz. — Der Schönhof am Untermarkt, 1526

Liegnitz. — Das Haus „zum Wachtelkorb“ mit Sgrafitten, 16. Jahrh.

Neiße. — Die Häuser Zollstraße 51 und 52

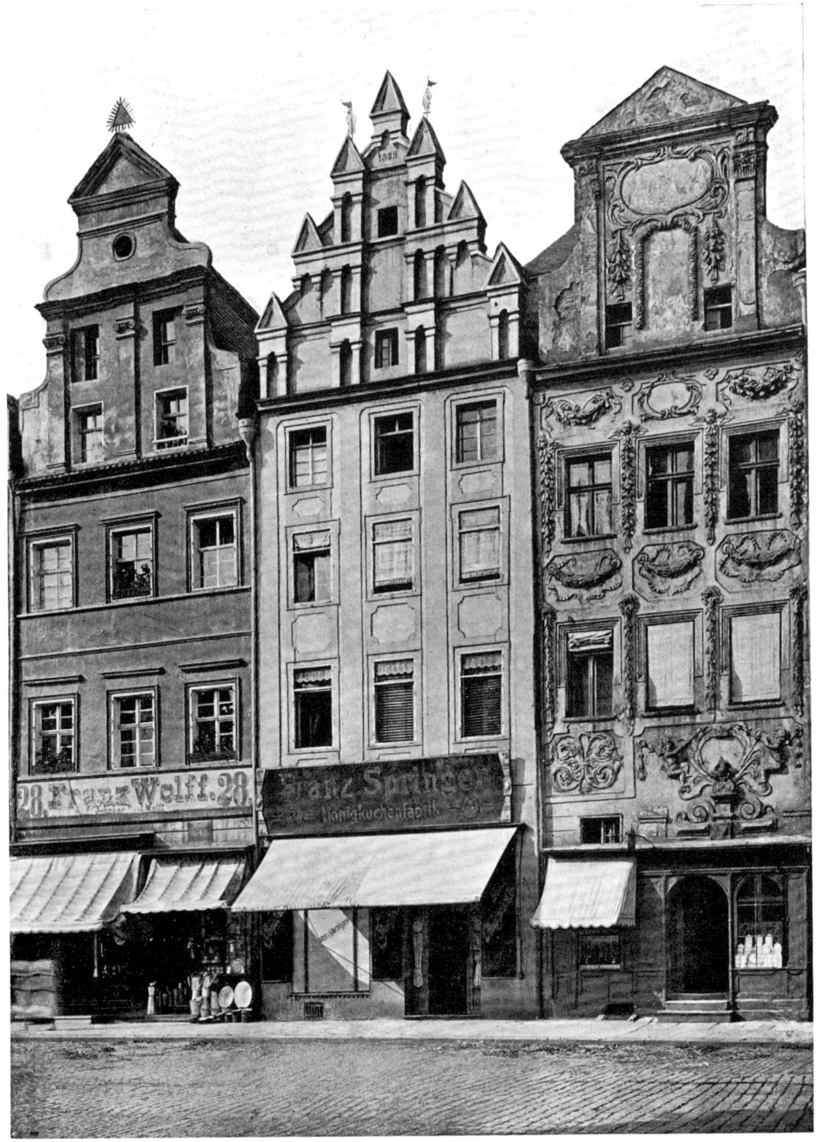

Neiße. — Alte Häuser am Ring, 16. und 17. Jahrh.

Neiße. — Die Kämmerei, ehemalige Wage, 1604

Neiße. — Das Glöckner- und das Waisenhaus an der Pfarrgasse

Neiße. — Der schöne Brunnen und der Glockenturm der katholischen Pfarrkirche

Görlitz. — Das Haus Neißstraße 29
Von 1570, aus der Schule Wendel Roßkopfs

Breslau. — Das Haus Albrechtstraße 3, 18. Jahrh.

Breslau. — Häuser in der Junkernstraße (abgebrochen)

Greiffenberg. — Häuser am Ring

Bunzlau. — Häuser am Ring

Mittelwalde. — Das Leinwandhaus Ludwig, 18. Jahrh.

Schmiedeberg. — Bürgerhäuser

Schmiedeberg. — Die Volksschule, 18. Jahrh.

Hirschberg. — Das Gymnasium, 1709—1712

Breslau. — Das ehemalige Prämonstratenser-Kloster, jetzt Oberlandesgericht
Begonnen 1682 von Meister Hans Fröhlich

Breslau. — Der Hof des ehem. Prämonstratenser-Klosters, jetzt Oberlandesgericht

Breslau. — Hof des Konvikts an der Universität, 1755

Breslau. — Das Matthias-Gymnasium, erbaut 1720

Rückers (Gr. Glatz). — Das Pfarrhaus

Landeshut. — Die Pfarrhäuser an der Gnadenkirche

Breslau. — Kapitelhaus (1527) mit angebautem Wchnhause

Breslau. — Das Kurfürstl. Orphanotropheum

Gegründet 1715 von Bischof Franz Ludwig, Pfalzgraf von Neuburg und Kurfürst von Trier

Breslau. — Der Mittelsaal des ehem. bischöflichen Gartenhauses in der Klosterstraße, 1748

Breslau. — Das ehemalige Palais Hatzfeld, jetzt Oberpräsidium
1766 erbaut von Karl Gotthard Langhans († 1808)

Breslau. — Das ehemalige Palais Hatzfeld, jetzt Oberpräsidium, 1766. Der Salon

Breslau. — Musiksaal im ehemal. Palais Hatzfeld, jetzt Oberpräsidium

Erbaut 1766 von Karl Gotthard Langhans. Stuckarbeiten von Peter Echtler

Tanzsaal

Anfahrthalle

Breslau. — Das Palais Hatzfeld, jetzt Oberpräsidium, 1766

Bolkenhain. — Ein Haus mit Laube

Schönberg (O.-L.). — Das Haus „zur scharfen Ecke“

Schmiedeberg. — Wohnhäuser, 18. Jahrh.

Schmiedeberg. — Bürgerhäuser des 18. Jahrh.

Schmiedeberg. — Ein Bürgerhaus, 18. Jahrh.

Breslau. — Das städtische Armenhaus, 1789

Breslau. — Ein Haus in der Parkstraße, um 1800

Sagan. — Haus Gartenstr. 7, um 1800

Rosenberg (O.-Schl.). — Das Rathaus
Erbaut 1820

Kupp (O.-Schl.). — Das Amtsgericht
Erbaut 1781

Ohlau. — Das Haus Ring 20

Schmiedeberg. — Ein Bürgerhaus

Tannhausen. — Ein Leinwandhaus, um 1800

Breslau. — Die Clarenmühlen an der Oder

Ohlau. — Die Apotheke

Greiffenberg. — Häuser Ring 33 und 34

Nieder-Hannsdorf (Gr. Glatz). — Ein Bauernhaus

Wölfelsdorf bei Habelschwerdt (Gr. Glatz). — Ein Bauernhaus

Ober-Langenau (Gr. Glatz). — Der Gerichtskretscham

Werdeck bei Glatz. — Das Gemeindehaus

Riesengebirge. — Alte schlesische Baude

Riesengebirge. — Baude

Wölfelsdorf (Gr. Glatz). — Bauernhaus

Ohlau. — Arbeiterhaus

Neiße. — Blick in die Kämmerei-Lauben mit der alten Wage, 1604

Bunzlau. — Das Renaissance-Portal Niedermarkt 8, jetzt am Rathause, 16. Jahrh.

Breslau. — Das Portal des Hauses „zur goldenen Krone“, 1544

Rotsürben. — Ein Seitenportal der Pfarrkirche

Glatz. — Portal einer Betkapelle

Glatz. — Sakristeitreppe an der kath. Pfarrkirche

Schloß Kreppelhof. — Das Hofportal, 16. Jahrh.

Schloß Guhlau. — Das Portal, 16. Jahrh.

Breslau. — Rathaus. Zimmertüre von 1528

Breslau. — Türe des Hauses Gr. Groschengasse 2

Glatz. — Portal des Gymnasiums, ehemals Jesuitenkollegium
1655—1689 nach Plänen von Karl Luraggo erbaut

Schweidnitz. — Portal des Hauses Markt 6

Goldberg. — Portal des Hauses Ring 13

Breslau. — Portal des Hauses Ring 8

Breslau. — Portal des Hauses Ring 6

Breslau. — Portal des Hauses Weißgerber Gasse 43

Breslau. — Portal des Hauses Altbüßerstraße 61, von 1733

Liegnitz. — Portal des Jesuitenkollegiums, erbaut 1706

Breslau. — Portal des Hauses Domstraße 9

Schweidnitz. — Portal des Hauses Burgstraße 14

Schweidnitz. — Portal des Hauses Burgstraße 16

Breslau. — Tor an der Universität (1728—1743)

Leubus. — Ein Eingangsportal vom Klostergebäude

Glatz. — Fenstergitter an der Kommandantur

Greiffenberg. — Fenstergitter am Hause Ring 34

Glatz. — Fenstergitter vom ehem. Jesuitenkollegium

Grafenort. — Fenster mit Sgraffiti im Schloßhof

Kreppelhof. — Fenster mit Hausteinumrahmung

Görlitz. — Hof mit Laufgängen im Hause Petersstraße 4

Görlitz. — Treppenhalle aus dem Hause Untermarkt 25, 16. Jahrh.

Löwenberg. — Aus dem Hof des Hôtel du Roi

Schweidnitz. — Die Eingangshalle des Rathauses

Breslau. — Der Hof des Hauses Ring 2

Breslau. — Der Hof des abgebr. Hauses „zur goldenen Krone“

Liegnitz. — Treppe im Hause Burgstr. 27

Oels. — Treppe eines Hauses in der Schloßstraße

Trebnitz. — Wendeltreppe in der katholischen Pfarrkirche

Greiffenberg. — Treppenhaus eines Ringhauses (jetzt abgebrochen)

Schloß Strachwitz. — Aus der Treppenhalle

Neiße. — Treppe im Hause Ring 41, 1818

Liegnitz. — Treppe im Hause Steinmarkt 2

Namslau. — Treppe eines Hauses an der Pfarrkirche

Breslau. — Von der Treppe des Hauses Herrenstraße 6

Breslau. — Treppe im Hause Goldne Radegasse 8

Breslau. — Treppe in einem Hause der Antonienstraße

Hirschberg. — Treppenhalle eines Hauses am Ring

Liebental. — Treppe des Hauses Markt 1

Breslau. — Treppenaufgang und Stockwerkstreppe im Hause Herrenstraße 6

Schweidnitz. — Die Ratsapotheke

Schloß Grafenort. — Der Aufgang zum Theater

Schloß Adelsbach. — Fayence-Ofen, 18. Jahrh.

Breslau. — Fayence-Ofen, 18. Jahrh.

Aus dem Schlesischen Museum für Kunstgewerbe und Altertümer zu Breslau

Reichenbach a. E. — Der Speisesaal im Hause Schoeler
Vermutlich von K. G. Langhans 1802 erbaut

Breslau. — Schlafzimmer aus einem Hause der Antonienstrasse
Jetzt im Besitz des Schlesischen Museums für Kunstgewerbe und Altertümer zu Breslau

Breslau. — Ein Musikzimmer vom Jahre 1819 aus dem Hause Antonienstraße 10

Jetzt im Besitz des Schlesischen Museums für Kunstgewerbe und Altertümer zu Breslau

Breslau. — Fayence-Ofen, Ende 18. Jahrh.
Aus dem Schlesischen Museum für Kunstgewerbe und Altertümer zu Breslau

Hartenberg i. R. — Kachelofen, um 1750
Aus dem Schlesischen Museum für Kunstgewerbe und Altertümer zu Breslau

Schloß Prauß. — Fayence-Ofen, 18. Jahrh.

Breslau. — Am Dom

Breslau. — Die Kurfürstenkapelle am Dom
1722 von Johann Bernhard Fischer von Erlach erbaut

Haynau. — Glockenturm und Giebelfront der Pfarrkirche, 16. Jahrh.

Neumarkt. — Glockenturm und Chor der kath. Pfarrkirche

Haynau. — Die Pfarrkirche, 16. Jahrh.

Neiße. — Die evangelische Pfarrkirche, 15. Jahrh.

Löwenberg. — Partie an der Stadtmauer mit Pfarrkirche

Strehlitz b. Schweidnitz. — Die kathol. Kirche mit mittelalterlichen Malereien

Namslau. — Die katholische Pfarrkirche

Oels. — Die evangelische Probstkirche, Turmhelm um 1800

Rotsürben. — Pfarrkirche, 1597—1602

Rotsürben. — Das Innere der Pfarrkirche

Rotsürben. — Pfarrkirche, 1597—1602

Oels. — Evangelische Probstkirche mit eingebauter Loge

Leutmannsdorf b. Schweidnitz. — Die katholische Pfarrkirche
Malerei der Chorwand nach 1476. Deckenbemalung von 1689

Schweidnitz. — Der Eingang zum Friedenskirchhof

Schweidnitz. — Friedenskirche

Erbaut 1657—1658 von Ingenieur-Leutnant Albrecht von Saebisch und Zimmermeister Andreas Kempner

Schweidnitz. — Friedenskirche, 1657—1658

Schweidnitz. — Friedenskirche, 1657—1658. Einbau der Gerber

Hummel. — Die Grenzkirche. Äußere Ansicht

Hummel. — Die Grenzkirche. Blick gegen den Altar

Prauß. — Die evangelische Pfarrkirche
Blick nach dem Seitenschiff mit den Emporen

Prauß. — Die evangelische Pfarrkirche
Der Taufstein, um 1600

Uraufnahme der kgl. Meßbildanstalt, Berlin

Liegnitz. — Die Herzogsgruft, 1677 von der Herzogin Luise angelegt. Figuren von Rauchmüller

Breslau. — Das Elisabethinerinnen-Spital

Breslau. — Die Ursulinerinnen-Kirche, 1701

Uraufnahme der kgl. Meßbildanstalt, Berlin

Görlitz. — Die Peterskirche. Das Ratsgestühl mit Gitter von 1698

Breslau. — Vinzenz-Kirche. Das Abschlußgitter der Hochbergschen Kapelle, um 1725
Die Kapelle selbst ist ein Werk von Christoph Hackner

Uraufnahme der kgl. Meßbildanstalt, Berlin

Breslau. — Matthiaskirche. Blick nach Westen

Innere Ausgestaltung von Architekt und Maler Christophorus Tausch († 1731), Malereien von Johann Michael Rottmayr († 1730)

Breslau. — Universität, erbaut 1728—43 von Stadt- und Kammerbaumeister Christoph Hackner

Breslau. — Universität

Breslau. — Der Universitätsplatz mit dem Fechterbrunnen

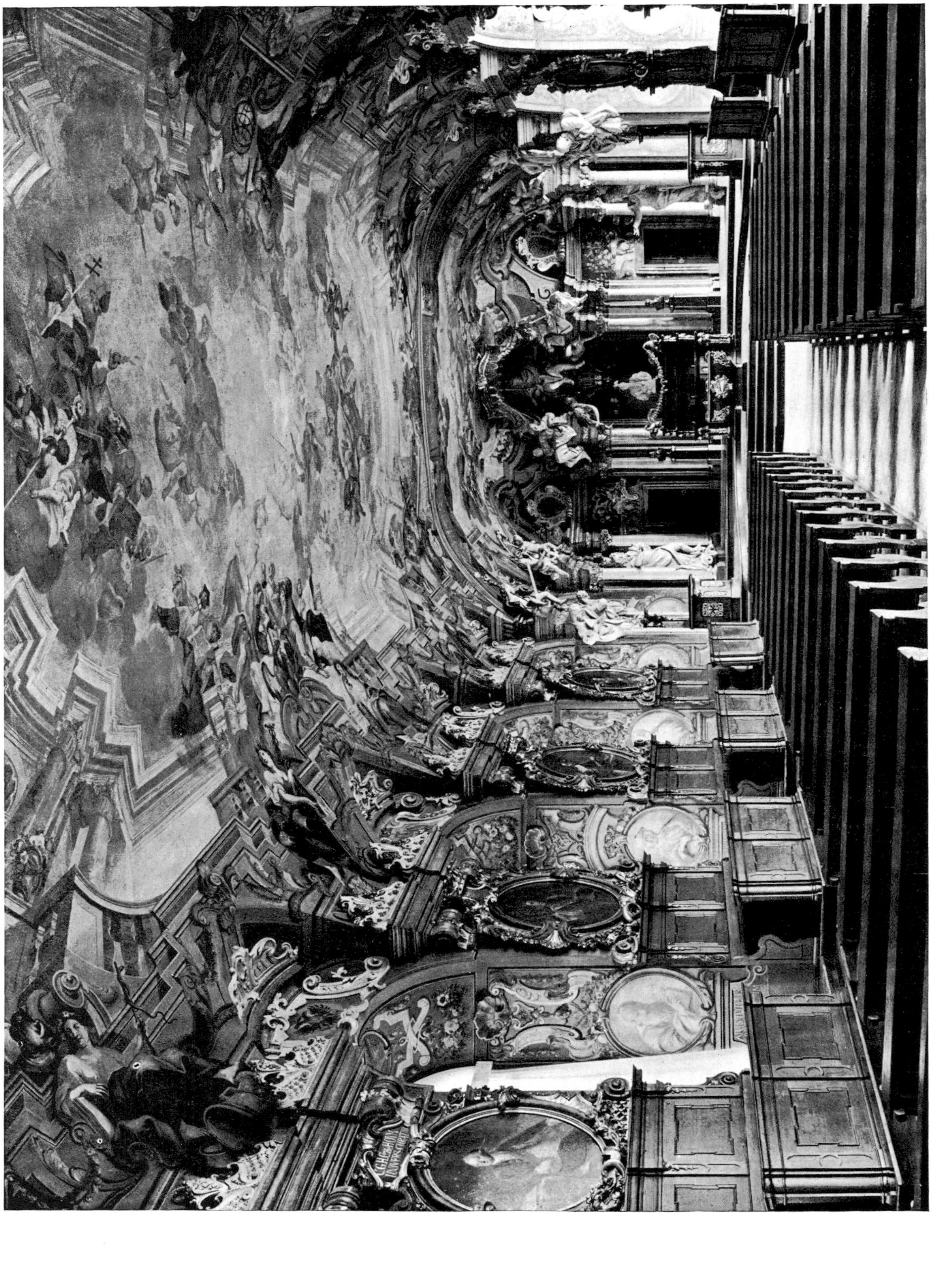

Breslau. — Universität. Aula Leopoldina
Fresken von Johann Christoph Hanke

Breslau. — Universität, erbaut 1728—1743. Musiksaal

Breslau. — Universität. Aus der Aula Leopoldina

Breslau. — Universität. Empore in der Aula Leopoldina

Wandelhalle

Eingang zur Aula Leopoldina

Breslau. — Aus der Universität, erbaut 1728—1743

Uraufnahme der kgl. Meßbildanstalt, Berlin

Neiße. — Das ehemalige Jesuitenkollegium. Die Aula, etwa von 1670

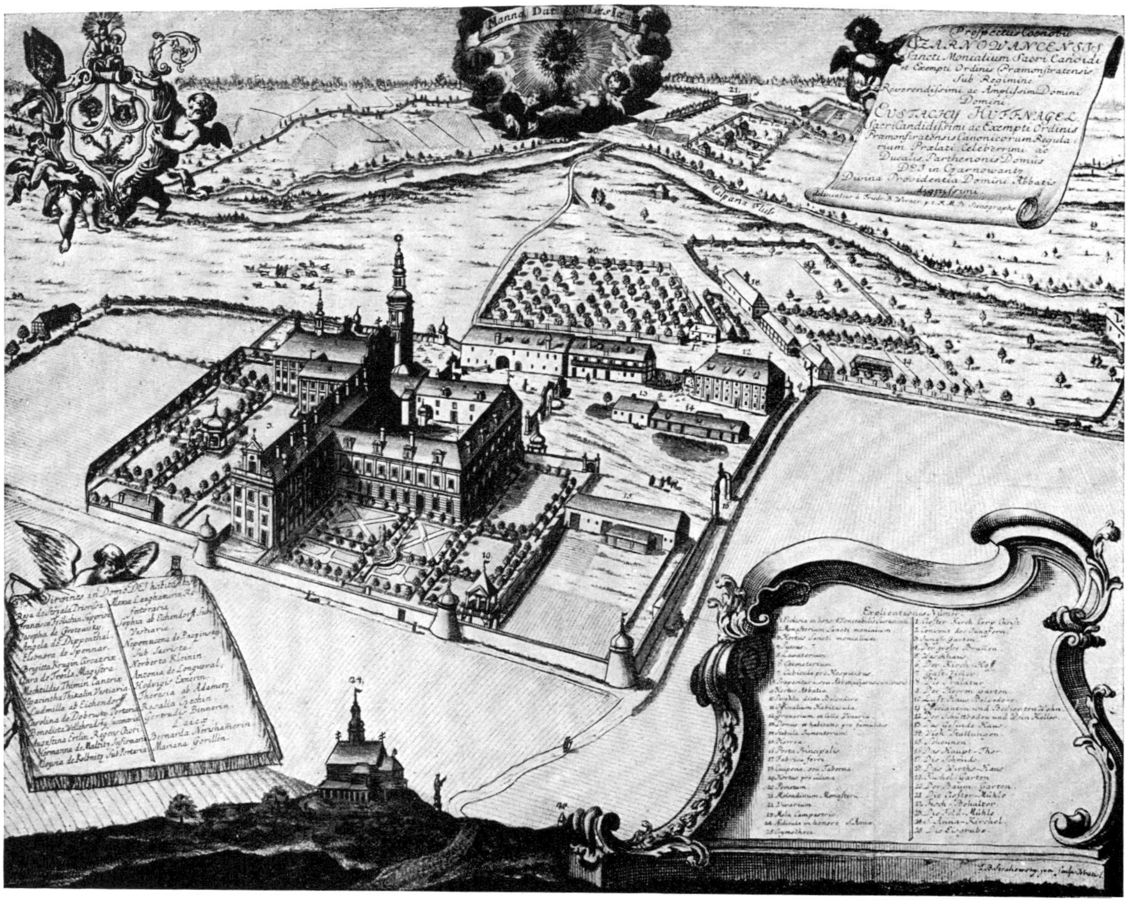

Kloster Czarnowanz, 18. Jahrh.
Nach einem Kupferstich in der Breslauer Stadtbibliothek

Kloster Czarnowanz (O. S.). — Partie von der Wehrmauer

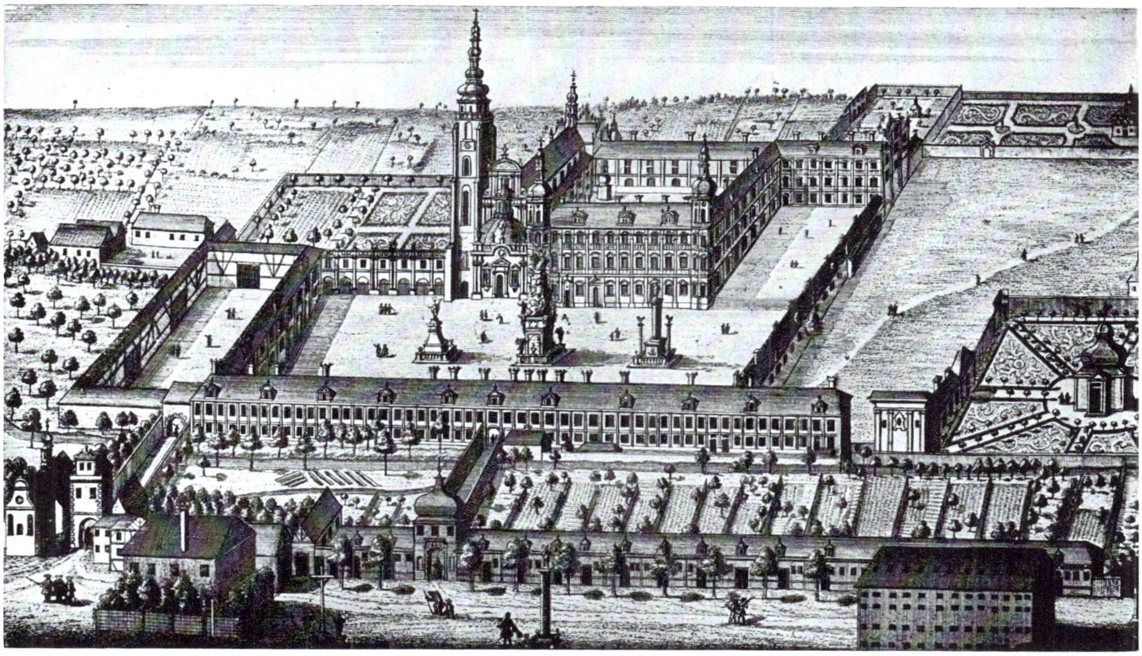

Kloster Heinrichau, 18. Jahrh. — Vogelperspektive
Nach einem Kupferstich in der Breslauer Stadtbibliothek

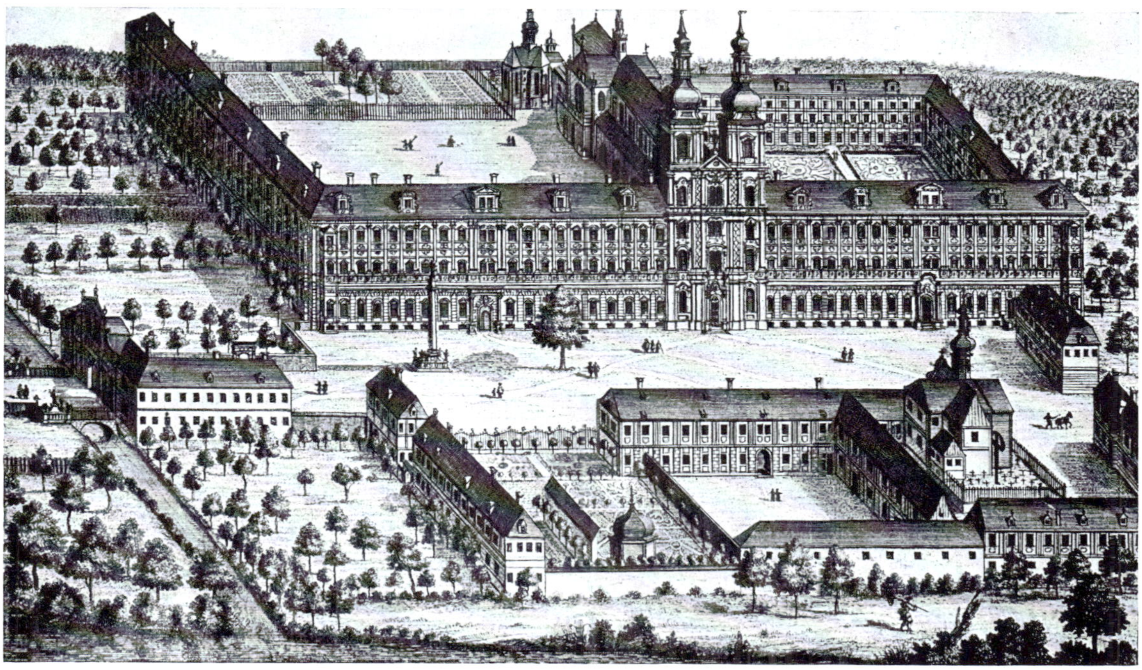

Kloster Leubus, 18. Jahrh. — Vogelperspektive
Nach einem Kupferstich in der Breslauer Stadtbibliothek

Kloster Leubus. — Anfang des 18. Jahrh.

Kloster Leubus. — Hof, Anfang des 18. Jahrh.

Leubus. — Portal der Klosterkirche

Leubus. — Portal vom Klostergebäude

Kloster Leubus. — Sommerrefektorium, ausgemalt von Felix Anton Scheffler 1733

Kloster Leubus. — Aus dem Fürstensaal, 1730

Figuren von Bildhauer Franz Joseph Mangold, Malerei von Philipp Bentum

Uraufnahme der Kgl. Meßbildanstalt, Berlin

Kloster Leubus. — Die Bibliothek, 1730

Fresken von Philipp Bentum

Uraufnahme der Kgl. Meßbildanstalt, Berlin

Grüßau. — Ehemalige Zisterzienserklosterkirche, 1728—1735

Figürlicher Schmuck von Ferdinand Procoff aus Prag

Grüßau. — Ehemalige Zisterzienserklosterkirche
Deckenmalereien von Georg Wilhelm Neunherz

Grüßau. — Ehemalige Zisterzienserklosterkirche. Orgelempore

Uraufnahme der Kgl. Meßbildanstalt, Berlin

Grüßau. — Ehemalige Zisterzienserklosterkirche. Sakristei

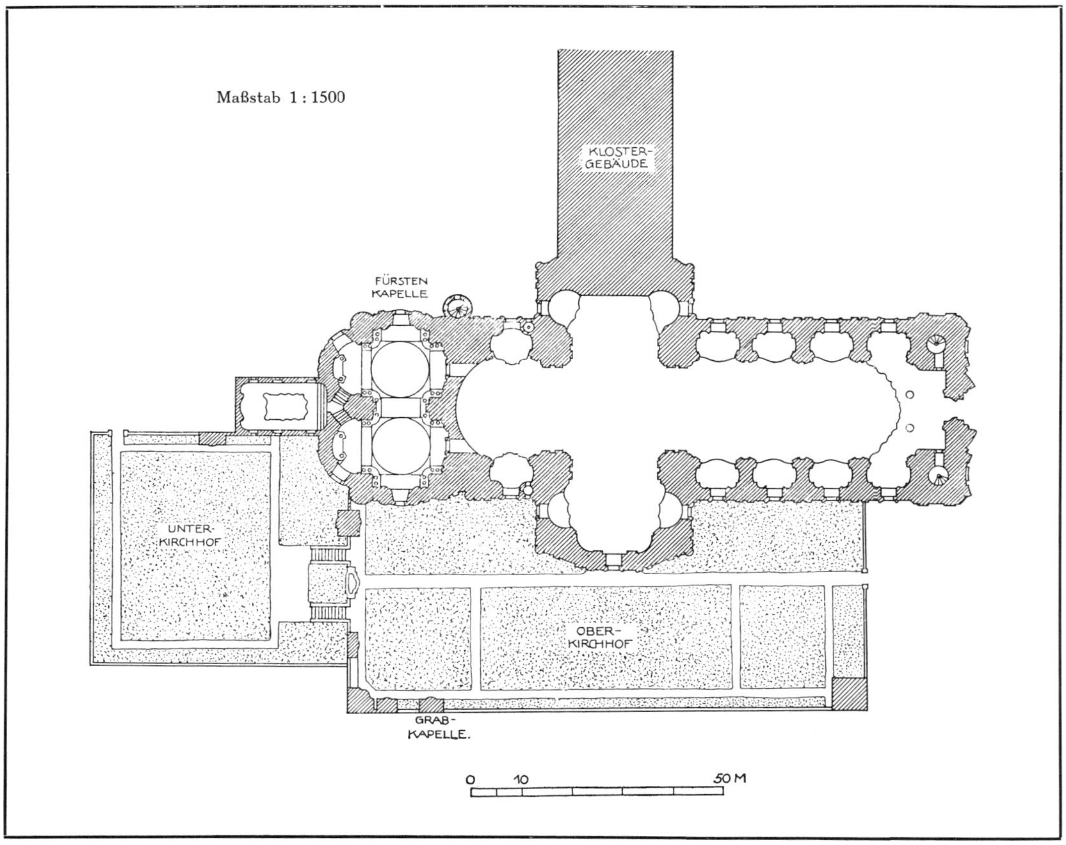

Kloster Grüßau. — Oben: Ansicht der Fürstenkapelle, erbaut 1738
Unten: Grundriß von der Kirche, der Fürstenkapelle und vom Friedhof

Grüßau. — Innenansicht der Fürstengruft der Bolkonen, 1738

Deckengemälde von Peter Brändel

Grüßau. — Ehemalige Zisterzienserklosterkirche. Inneres

Uraufnahme der Kgl. Meßbildanstalt, Berlin

Heinrichau. — Ehemal. Zisterzienserkirche, jetzt kath. Pfarrkirche. Orgel

Ober-Hannsdorf (Gr. Glatz). — Die katholische Pfarrkirche

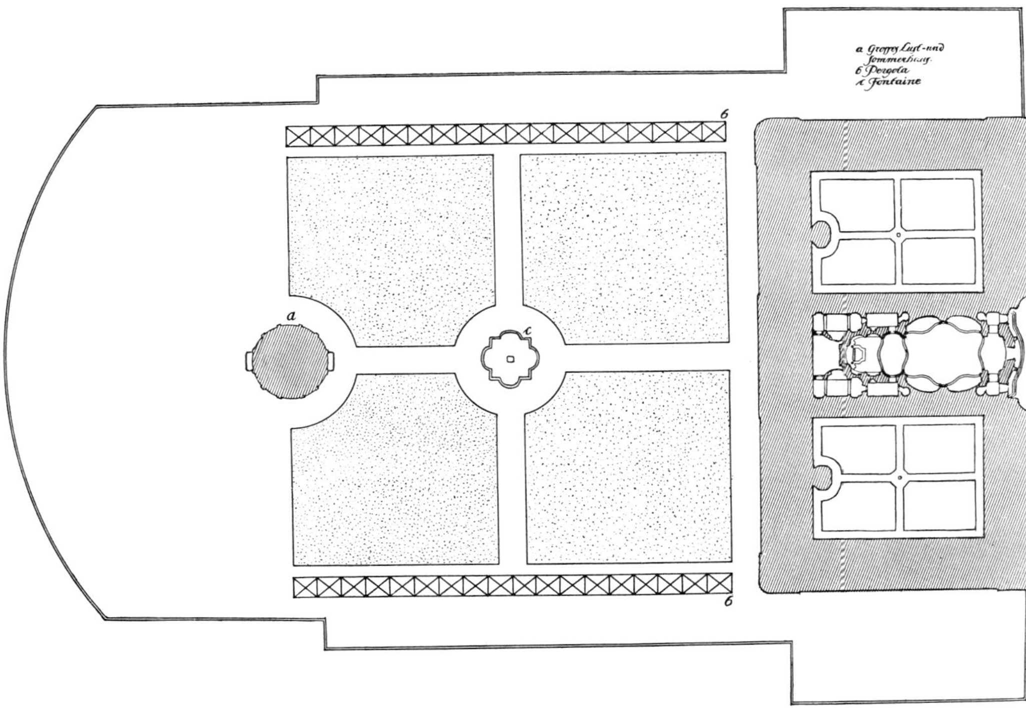

Kloster Wahlstatt mit Garten

Nach einem Plan von F. B. Werner (1765) in der Stadtbibliothek zu Breslau

Kloster Wahlstatt. — Außen- und Innenansicht der Klosterkirche
1727 von Kilian Ignaz Dientzenhofer erbaut

Breslau. — Dom. Die Sakristeitüre, 1517

Glogau. — Dom. Die Türe zur Kanzeltreppe, 1697

Neiße. — Kapellengitter in der kath. Pfarrkirche, 1608

Neiße. — Der schöne Brunnen
Vom bischöflichen Hofschlosser Helleweg 1686 geschmiedet

Neiße. — Kath. Pfarrkirche. Schmiedegitter um den Taufstein
1627

Breslau. — Dom. Ein Kapellengitter, 18. Jahrh.

Breslau. — Dom. Geschnitzte Tür des Haupteingangs

Görlitz. — Peterskirche. Das Taufsteingitter, 1617

Breslau. — Dom. Gittertür zum Presbyterium, 1726

Breslau. — Dom. Geschnitzte Türe des Südportals

Breslau. — Dom. Türe der 1722 von Fischer von Erlach erbauten Kurfürstenkapelle
Bildhauer: Ferdinand Brackhof

Trebnitz. — Kath. Pfarrkirche. Ein Kapellengitter
um 1700

Uraufnahme der Kgl. Meßbildanstalt, Berlin

Liegnitz. — Jesuitenkollegium
Das Abschlußgitter der Haupttreppe, um 1700

Ober-Langenau (Gr. Glatz). — Die katholische Pfarrkirche, 16. Jahrh.; Turmhaube, 17. Jahrh.

Schmiedeberg. — Die evangelische Kirche mit Schule und Pfarrhaus, 18. Jahrh.

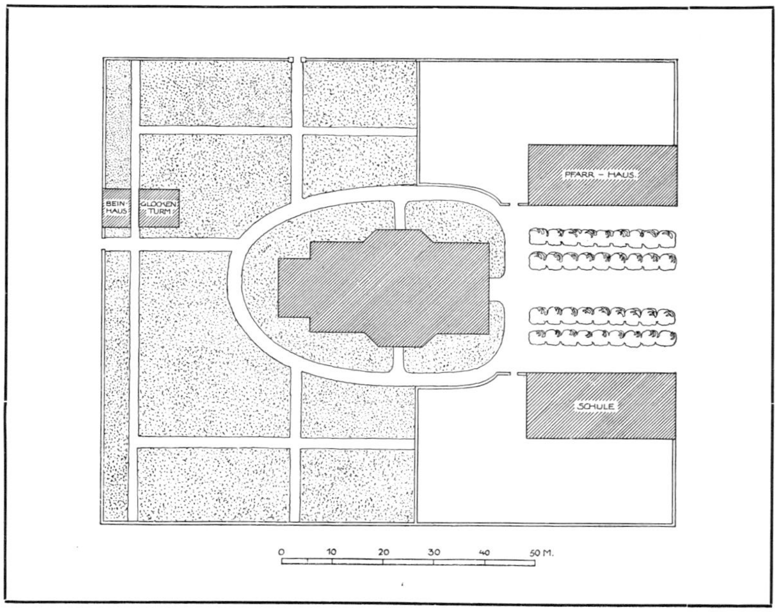

Schmiedeberg. — Übersichtsplan über die Anlage von Kirche, Pfarrhaus, Schule und Friedhof. Maßstab 1 : 1500

Schmiedeberg. — Das Innere der evangelischen Pfarrkirche, 18. Jahrh.

Hirschberg. — Die Gnadenkirche (1709—1718)

Bunzlau. — Kapelle auf dem evangel. Friedhof

Hermsdorf a. K. — Das evangelische Bethaus

Blick nach der Orgelempore

Äußere Ansicht

Carlsruhe (O. Schl.). — Die evangelische Pfarrkirche, 1765—1775

Briese. — Die Schloßkirche

Ohlau. — Die Rochuskapelle

Groß-Wartenberg. — Die ev. Pfarrkirche
Erbaut 1785 von K. Gotthard Langhans

Ober-Adelsdorf. — Die ev. Kirche
Erbaut 1789 nach Plänen von K. G. Langhans

Innenansicht

Aufrisse nach Originalien des Pfarrachivs, gezeichnet 1788 von Baukondukteur Niederäcker

Waldenburg. — Die evang. Kirche, erbaut 1785 nach Plänen von Karl Gotthard Langhans

Innenansicht

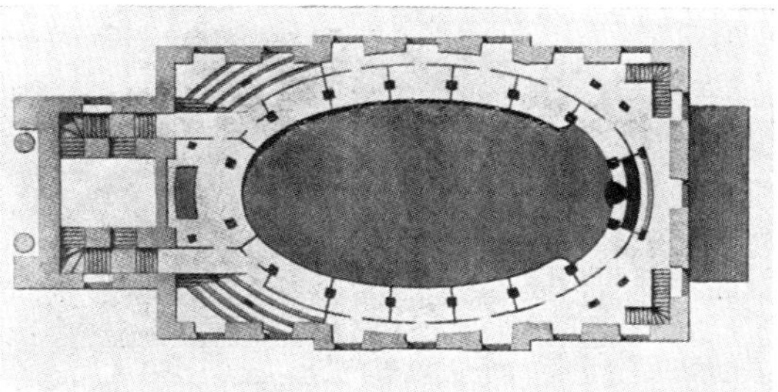

Grundriß nach einer Zeichnung von 1799 im Pfarrarchiv

Reichenbach. — Die evang. Kirche, erbaut 1795—1798 nach Plänen von Karl Gotthard Langhans

Reichenbach a. E. — Die evangelische Kirche, erbaut 1795—1798 nach Plänen von Karl Gotthard Langhans

Proschlitz. — Die Pfarrkirche

Bürgsdorf (O. Schl.). — Die evangelische Pfarrkirche, etwa 1550

Czarnowanz (O. Schl.). — Wallfahrtskirche, 1684 erneuert

Groß-Döbern (O. Schl.). — Wallfahrtskirche, 1680 bezw. 1752

Rosenberg (O. Schl.). — Die Wallfahrtskirche
St. Anna

Rosenberg (O. Schl.). — Die Wallfahrtskirche
St. Anna. — Zentralbau um 1669

Rosenberg (O. Schl.). — Die St. Rochuskirche, 1710

Bukau (O. Schl.). — Eine Holzkapelle

Pniow. — Holzkirche, 1506

Groß-Döbern (O. Schl.). — Wallfahrtskirche

Proschlitz. — Holzkirche

Moschczenitz. — Holzkirche

Pniow (Kr. Tost-Gleiwitz). — Die Kirche, 1506

Niebotschau (Kr. Ratibor). — Die Kirche

Moschczenitz (Kr. Rybnik). — Die Kirche

Nieder-Marklowitz (Kr. Rybnik). — Die Kirche

Groß-Wilkau b. Nimptsch. — Die Pfarrkirche

Ober-Hannsdorf (Gr. Glatz). — Die kath. Pfarrkirche mit Torhaus

Blick in den Kreuzweg aus dem Torhaus

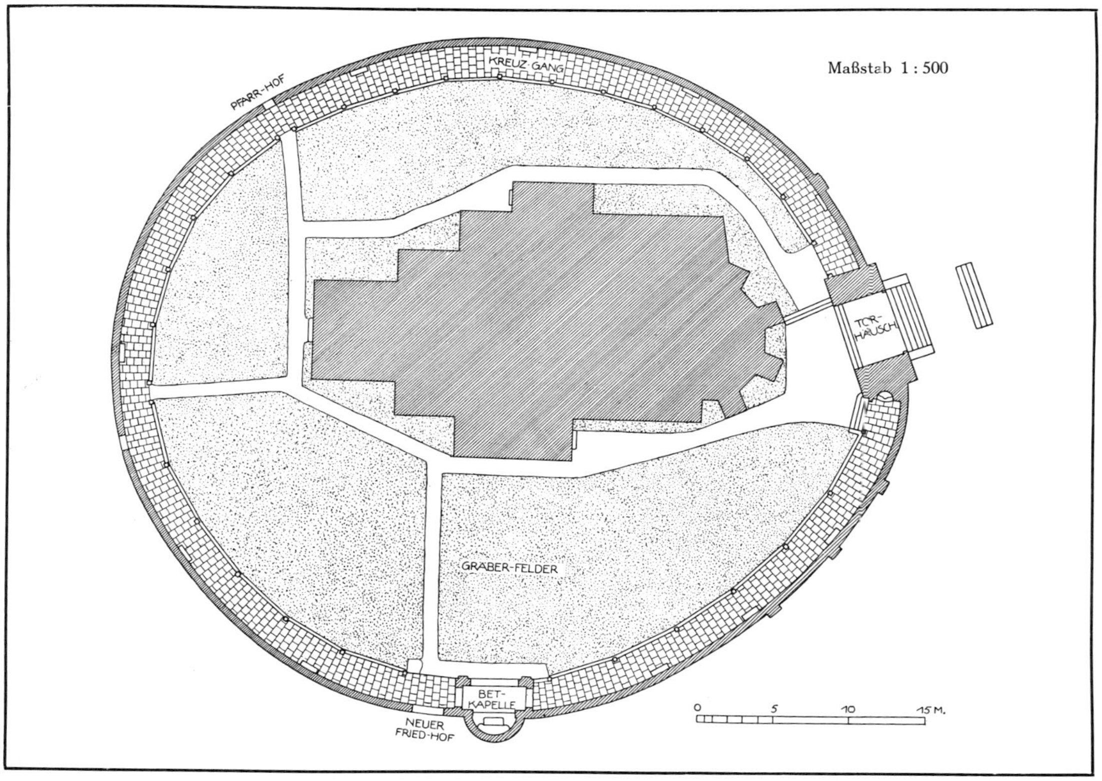

Grundriß

Eisersdorf (Gr. Glatz). — Kirchhof mit Kreuzweg

Eisersdorf (Gr. Glatz). — Der Kreuzgangkirchhof

Mittelwalde (Gr. Glatz). — Der Eingang zum Friedhof, 1657

Oels. — Das Friedhofportal, um 1800

Bürgsdorf (O. Schl.). — Das Torhaus des Kirchhofs

Bunzlau. — Wandgräber auf dem evangelischen Friedhof

Bunzlau. — Grabkapellen auf dem evangelischen Friedhof

Görlitz. — Grabkapelle auf dem Nikolaifriedhof

Görlitz. — Grabkapellen auf dem Nikolaifriedhof

Hirschberg. — Grabkapellen auf dem Gnadenkirchhof

Hirschberg. — Grabkapelle auf dem Gnadenkirchhof

Landeshut. — Grabkapelle

Grüßau. — Kapelle auf dem Klosterfriedhof

Ober-Hannsdorf (Gr. Glatz). — Betkapelle

Schweidnitz. — Grabkapelle, 1806

Ober-Adelsdorf. — Grabkapelle

Grafenort. — Einsiedelei

Albendorf. — Treppenanlage des Kalvarienbergs

Albendorf. — Kapelle des Stationenwegs

Bunzlau. — Aus dem evangelischen Friedhof

Hirschberg. — Grabkapellen auf dem Gnadenkirchhof

Hirschberg. — Der Friedhof der evangelischen Gnadenkirche.
Gittertüre der Schweinichen'schen Gruft, 18. Jahrh.

Hirschberg. — Der Friedhof der evang. Gnadenkirche.
Gittertüre einer Gruftkapelle, 18. Jahrh.

Hirschberg. — Türen von Kapellen auf dem Gnadenfriedhof

Tillendorf b. Bunzlau. — Grabplatten an der katholischen Pfarrkirche, 1579

Neiße. — Die Grabtumba des Bischofs Jakob von Salza († 1539) in der katholischen Pfarrkirche

Breslau. — Das Grabmal des kaiserlichen Rats Rybisch in der Elisabethkirche, 1544

Ober-Gläsersdorf. — Epitaph in der Pfarrkirche, 16. Jahrh.

Bunzlau. — Epitaph auf dem
evangelischen Friedhof

Haynau. — Grabstein aus dem 17. Jahrh.
an der evangelischen Pfarrkirche

Schönfeld. — Epitaph von 1703
an der Pfarrkirche

Bunzlau. — Epitaph auf dem
evangelischen Friedhof

Hirschberg. — Ein Wandgrabmal auf dem Friedhof

Bunzlau. — Ein Grabmal auf dem evang. Friedhof

Görlitz. — Zwei Hochgräber auf dem Nikolaifriedhof

Görlitz. — Zusammengeschlossene Hochgräber auf dem Nikolaifriedhof

Warmbrunn. — Wandgrabmal auf dem evang. Friedhof

Schweidnitz. — Wandgrabmal auf dem Friedhof an der Friedenskirche

Bunzlau. — Grabmäler auf dem evang. Friedhof

Hirschberg. — Grabmal auf dem Friedhof

Breslau. — Grabmal auf dem Friedhof an der Friedrich-Wilhelmstraße

Greiffenberg. — Denkmal für die am 31. Aug. 1813 gefallenen 63 russischen Krieger

Ober-Adelsdorf. — Grabmal auf dem Friedhof

Schlenz. — Grabmal im Schloßpark

Landeshut. -- Ein Familiengrab auf dem Gnadenkirchhof

Carlsruhe (O. Schl.). — Gußeisernes Grabmal von 1813 auf dem Friedhof

Reinerz. — Gußeisernes Grabmal von 1822 auf dem kath. Friedhof

Kupp (O. Schl.). — Gußeisernes Grabgitter von 1810

Breslau. — Gußeisernes Grabgitter auf dem Friedhof an der Friedrich-Wilhelmstraße

Görlitz. Eisernes Grabgitter mit Hochgrab auf dem Nikolaifriedhof

Breslau. — Eisernes Grabgitter auf dem Friedhof an der Friedrich-Wilhelmstraße

Görlitz. — Schmiedeeiserne Grabkreuze auf dem Nikolaifriedhofe

Mittelwalde (Gr. Glatz). — Schmiedeeiserne Grabkreuze

Oberau. — Eine Holzgrabtafel

Mittelwalde (Gr. Glatz). — Schmiedeeiserne Grabkreuze

Brieg. — Der Torbau des Piastenschlosses

Erbaut um 1553 von Herzog Georg II. vornehmlich durch die italienischen Architekten Jacopo Baar und Bernardo Niuron

Liegnitz. — Das Schloßportal
Erbaut 1533 von Meister Georg von Amberg

Brieg. — Portal im Hofe des Piastenschlosses
Um 1551 vom Schloßbaumeister Jacopo Baar erbaut

Oels. — Schloß. Portal mit Wittumsstock, 16. Jahrh.

Oels. — Schloß. Vorhof
Erbaut um 1560 von Architekt Kaspar Khune

Oels. — Schloß
Ende des 16. Jahrh.

Oels. — Der Schloßplatz mit der 1791 zur goldenen Hochzeit des Herzogs Karl Christian Erdmann errichteten Ehrensäule

Oels. — Schloß

Schloß Prauß. — Blick in den Hof

Schloß Hennersdorf (O. L.), um 1600

Schloß Groß-Wilkau, um 1600

Schloß Ratschenhof bei Grafenort, 1573

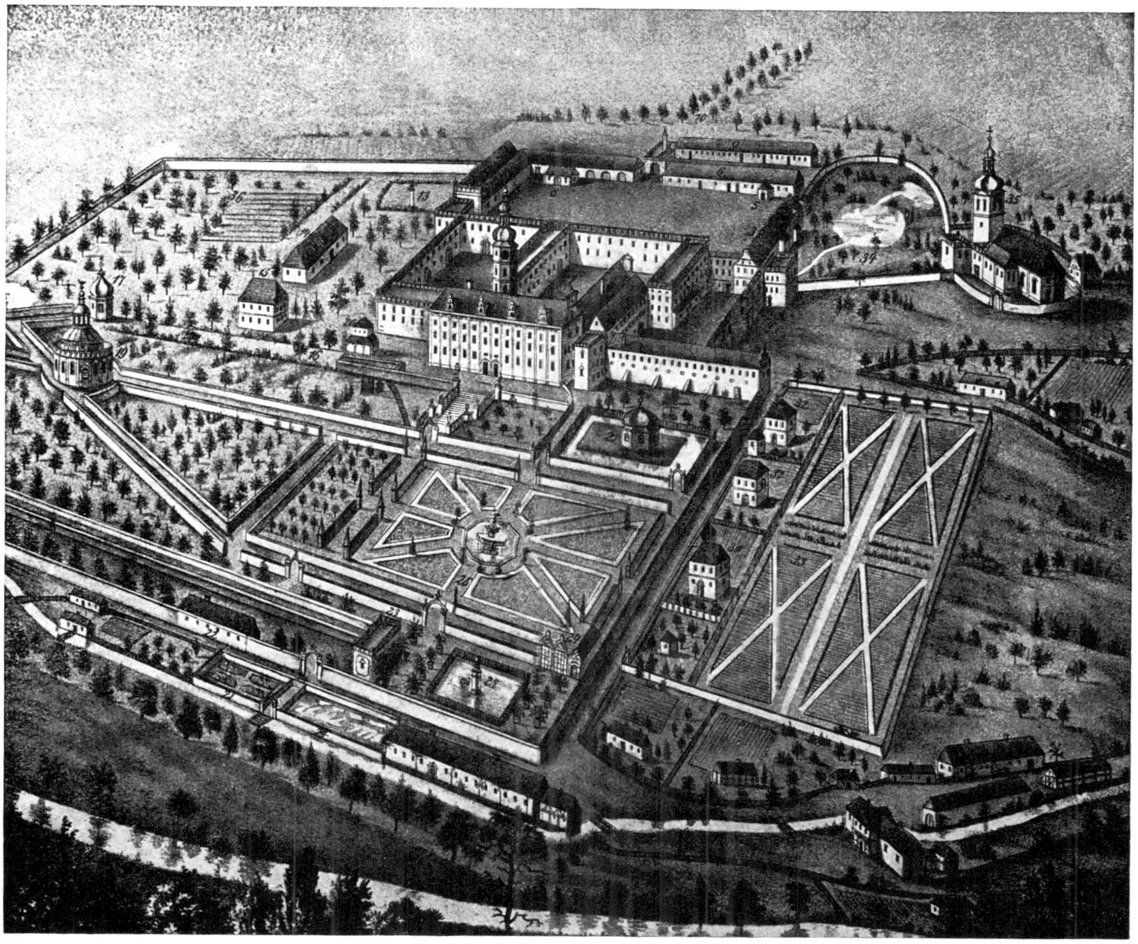

Schloß Grafenort mit Garten im Jahre 1736
Aus: Pompejus, Album der Grafschaft Glatz. In der Breslauer Stadtbibliothek

Schloß Ratschenhof bei Grafenort, 1573

Der zweite Schloßhof

Der große Schloßhof

Schloß Grafenort (Gr. Glatz). — 17. und auch 18. Jahrh.

Schloß Grafenort. — Der Vorhof

Schloß Grafenort. — Der tiefe Saal, 17. Jahrh.

Schloß Ratschenhof, 1573. — Halle

Schloß Grafenort. — Gartenhalle, 18. Jahrh.

Das Herzogliche Schloß Sagan. — Begcnnen 1627 von Wallenstein
unter Leitung eines italienischen Baumeisters

Sagan. — Herzogl. Schloß. Autographensalon

Deutsch-Lissa. — Schloß, 18. Jahrh.

Schloß Groß-Peterwitz. — Erbaut 1693 durch die Gräfin Colonna

Mittelwalde. — Aus dem Hof des Schlosses, um 1700

Mittelwalde. — Schloß. Die Treppenhalle, um 1700

Schloß Zyrowa in Ober-Schlesien

Schloß Klein-Kotzenau. — Das Beamten-Wohnhaus, 18. Jahrhundert

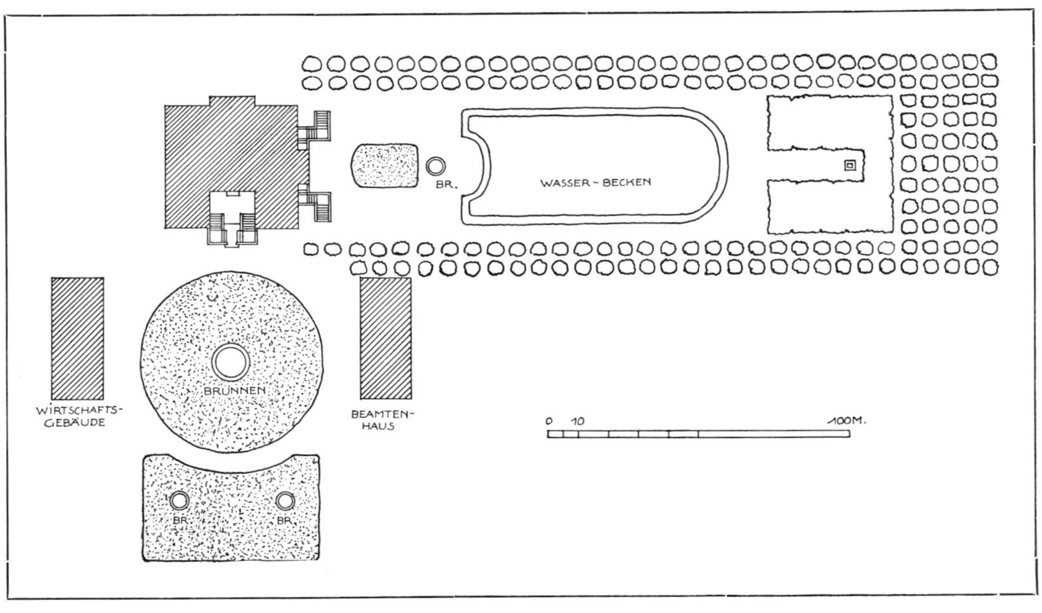

Schloß Klein-Kotzenau. — Übersichtsplan der Gesamtanlage
Maßstab: 1:2500

Schloß Klein-Kotzenau, 18. Jahrh.

Schloß Klein-Kotzenau. — Die große Freitreppe

Schloß Klein-Kotzenau. -- Aus dem Schloßpark

Schloß Klein-Kotzenau. — Die Eingangshalle, 18. Jahrh.

Schloß Hassitz (Gr. Glatz). — Blick in den Garten

Schloß Klein-Kotzenau. — Das Wirtschaftsgebäude, 18. Jahrh.

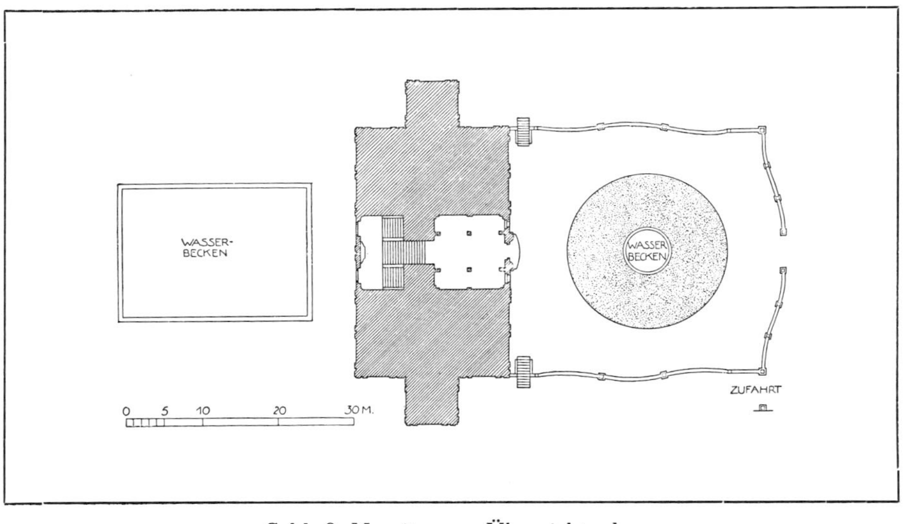

Schloß Hassitz. — Übersichtsplan
Maßstab 1:1000

Schloß Hassitz (Gr. Glatz), 18. Jahrh.

Schloß Briese. — Aus dem Tanzsaal, 1727

Schloß Schlenz bei Militsch, Ende 18. Jahrh.

Schloß Schlanz. — Aus dem Heckengarten, 18. Jahrh.

Schloß Kunzendorf. — Terrassentreppe im Schloßpark, 18. Jahrh.

Das Schloßportal

Am Schloß

Ullersdorf (Gr. Glatz)

Schloß Saabor. — Die Wasserkunst im Ehrenhof

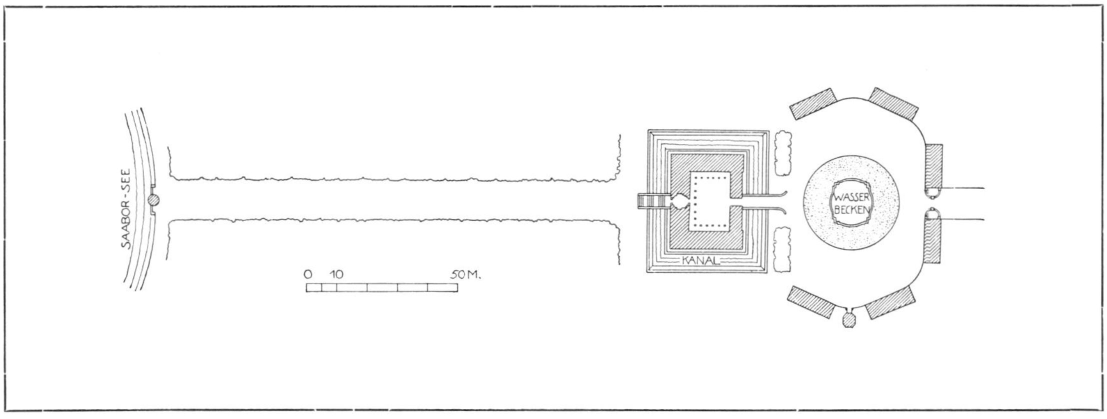

Schloß Saabor. — Übersichtsplan der ganzen Anlage
Maßstab 1:5000

Schloß Saabor, erbaut 1677, erweitert um 1745 durch Graf Cosel

Schloß Saabor. — Der Empfangsraum

Schloß Saabor. — Der Gartensalon, 18. Jahrh.

Schloß Saabor. — Der Musiksaal, 18. Jahrh.

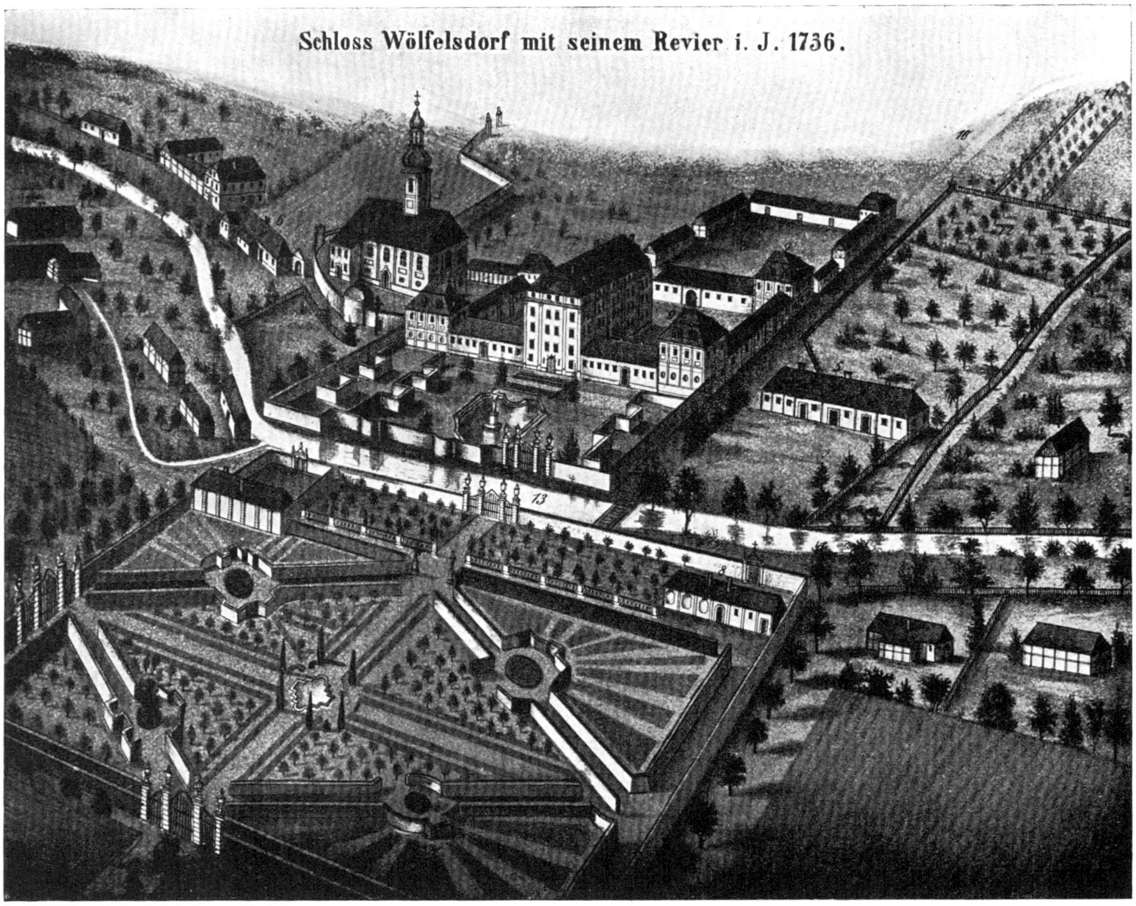

Schloß Wölfelsdorf mit Garten im Jahre 1736
Aus: Pompejus, Album der Grafschaft Glatz. In der Breslauer Stadtbibliothek

Schloß Wölfelsdorf. — Partie aus dem Park und Parktor

Schloß Wölfelsdorf, 18. Jahrh.

Schloß Krayn. — Der Salon, 18. Jahrh.

Gesamtansicht

Blick in den Schloßhof

Schloß Boyadel, erbaut 1735

Schloß Goschütz, erbaut 1750 durch Heinrich Leopold von Reichenbach

Die Orangerie

Der Torbau

Schloß Goschütz, 1750

Das Kavalierhaus

Das Gärtnerhaus

Schloß Goschütz, 1750

Die Gartenfassade

Der Marstall

Schloß Goschütz, 1750

Schloß Goschütz, 1750. — Der Musiksaal

Schloß Pischkowitz. — Der Pavillon im Schloßgarten

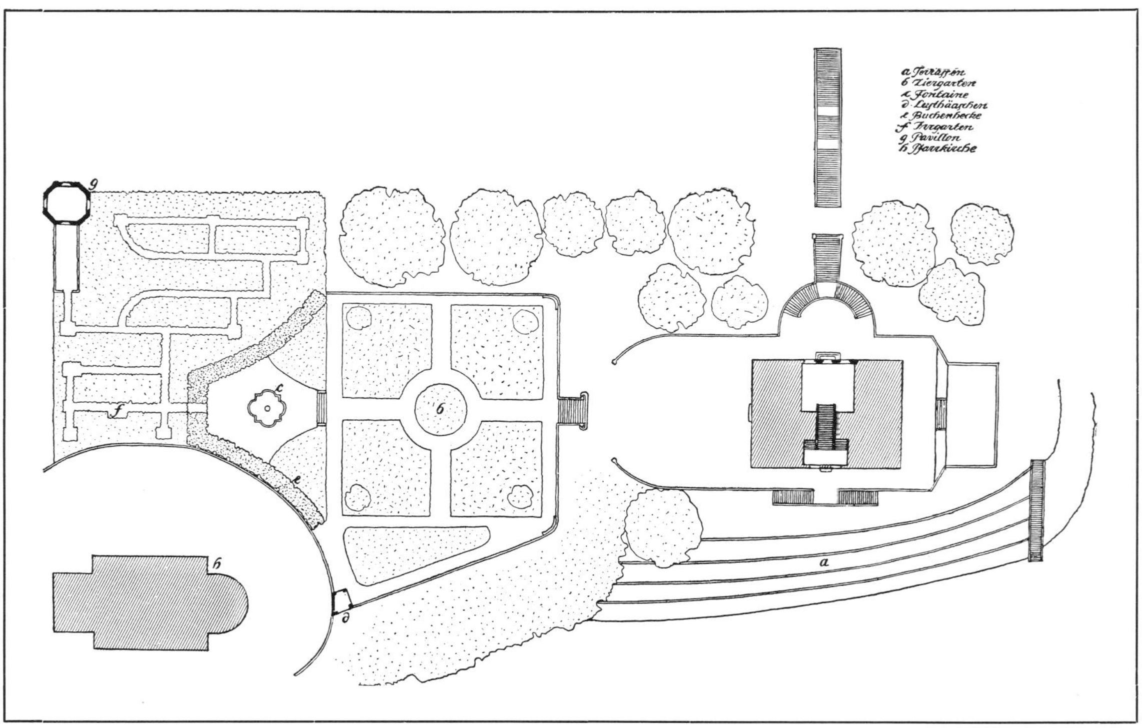

Pischkowitz (Gr. Glatz). — Übersichtsplan des Schloßgartens aus dem 18. Jahrhundert
Maßstab 1:1000

Gesamtansicht

Saal

Schloß Trachenberg, erbaut durch Franz Philipp Adrian, Grafen von Hatzfeld, um 1760

Schloß Militsch. — Die Gartenfassade

Warmbrunn. — Das Residenzschloß, 1777—1789

Schloß Ober-Glasersdorf

Schloß Dyhernfurt. — Um 1785

Eckersdorf. — Von der Terrassenanlage des Schloßgartens

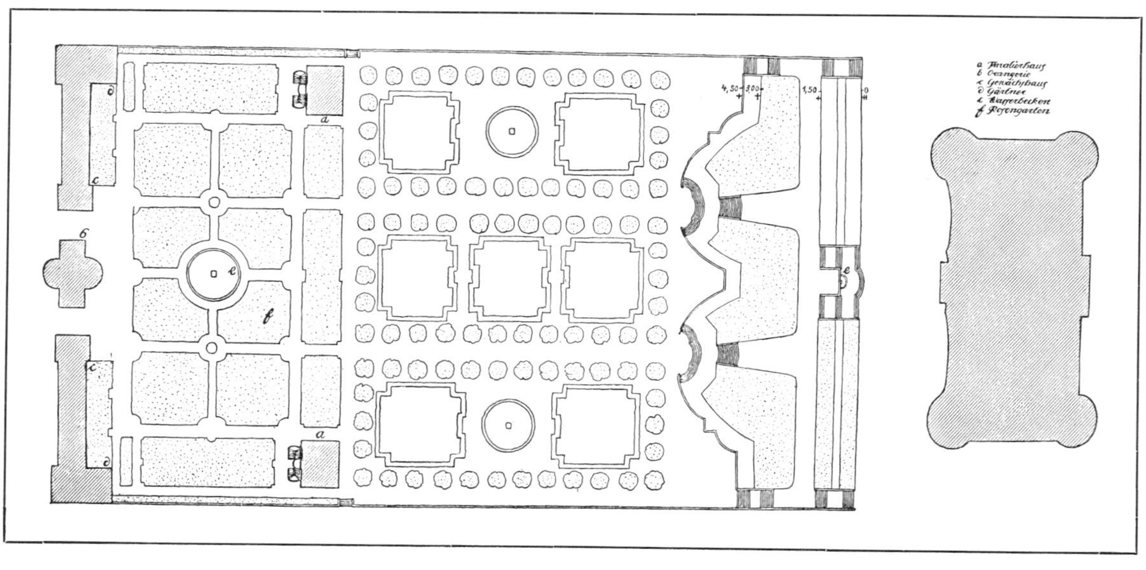

Eckersdorf (Gr. Glatz). — Übersichtsplan des Schloßgartens aus dem 18. Jahrhundert und einer 120 m breiten Terrassenanlage

Maßstab etwa 1:2000

Schloß Eckersdorf. — Teilansicht der Terrasse

Schloß Eckersdorf. — Blick von der Terrasse

Schloß Eckersdorf. — Ein Kavalierhaus

Schloß Eckersdorf. — Zwei Kavalierhäuser, 18. Jahrh.

Carlsruhe (O. Schl.) — Das Königl. Schloß, Ende 18. Jahrh.

Maßstab 1:25000

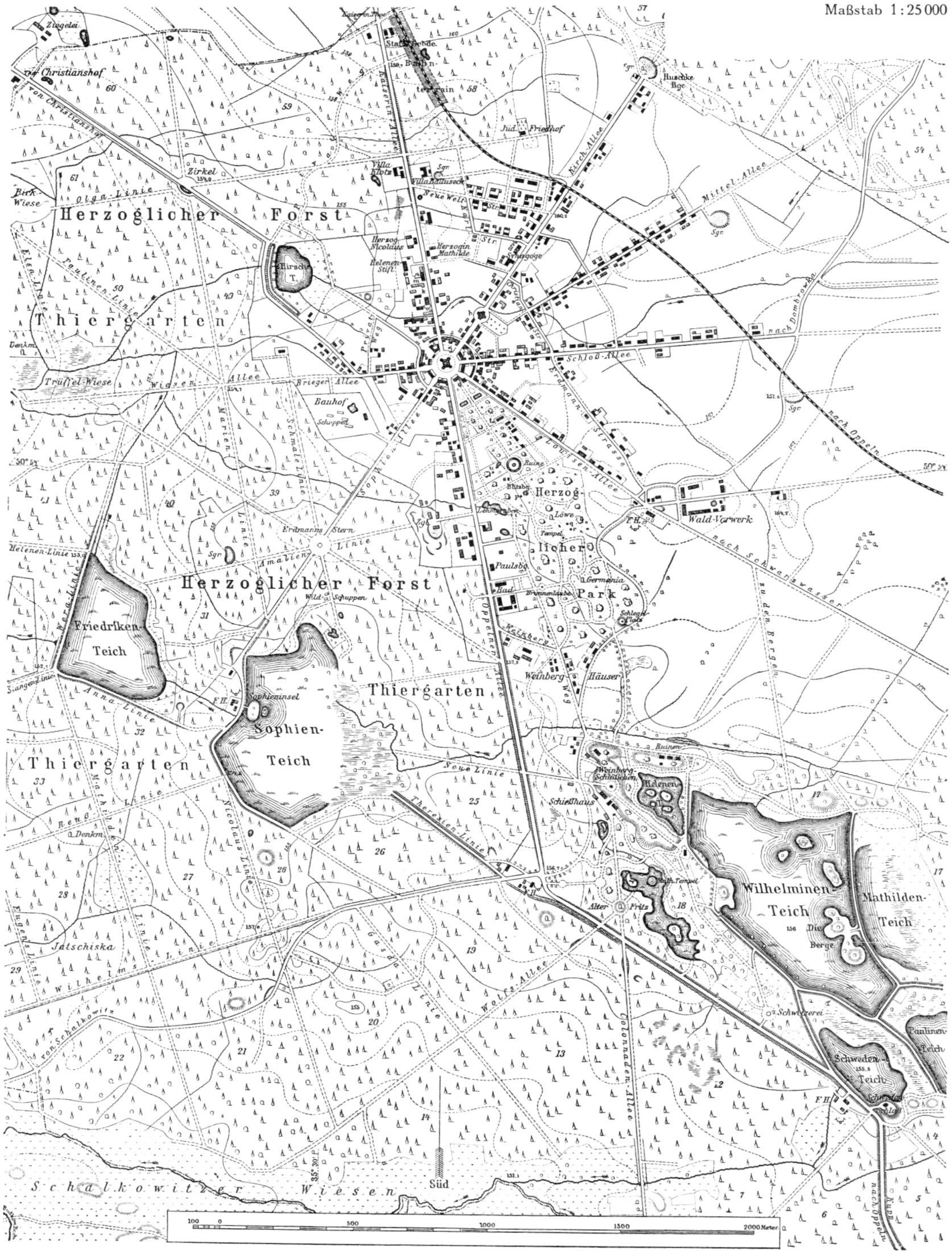

Legende: a Schloß; b Herzogl. Haus; c Rentamt; d Gartensaal und kath. Kirche; e Marstall; f Amtsgericht; g Post; h Evang. Kirche; i Konzertsaal; k Bauplatz; l Oberförsterei; m Gasthaus z. Stadt Meiningen; n Gasthof z. schwarzen Adler; o Gärtnerei, Treibhäuser; p—v Denkmäler

Übersichtsplan von Carlsruhe (O. Schl.) und Umgebung

Carlsruhe (O. Sch.) — Das Weinbergschlößchen, Ende 18. Jahrh.

Schloß Grafenort. — Der Grottenpavillon im Park

Schloß Carlsruhe (O. Schl.) — Das sog. Puppenhäuschen im Park

Schloß Dyhernfurt. — Ein Teehäuschen im Park, erbaut von K. Gotthard Langhans († 1808)

Schloß Carlsruhe (O. Schl.) — Das Schwedenschloß im Park

Schloß Carlsruhe (O. Schl.) — Ein Kavalierhaus

Schloß Carlsruhe (O. Schl.) — Der Musiksaal

Schloß Dyhernfurt. — Weinberghaus im Park

Schloß Carlsruhe (O. Schl.) — Der Musiksaal

Dyhernfurt. — Aus dem Park

Heinrichau. — Aus dem Park

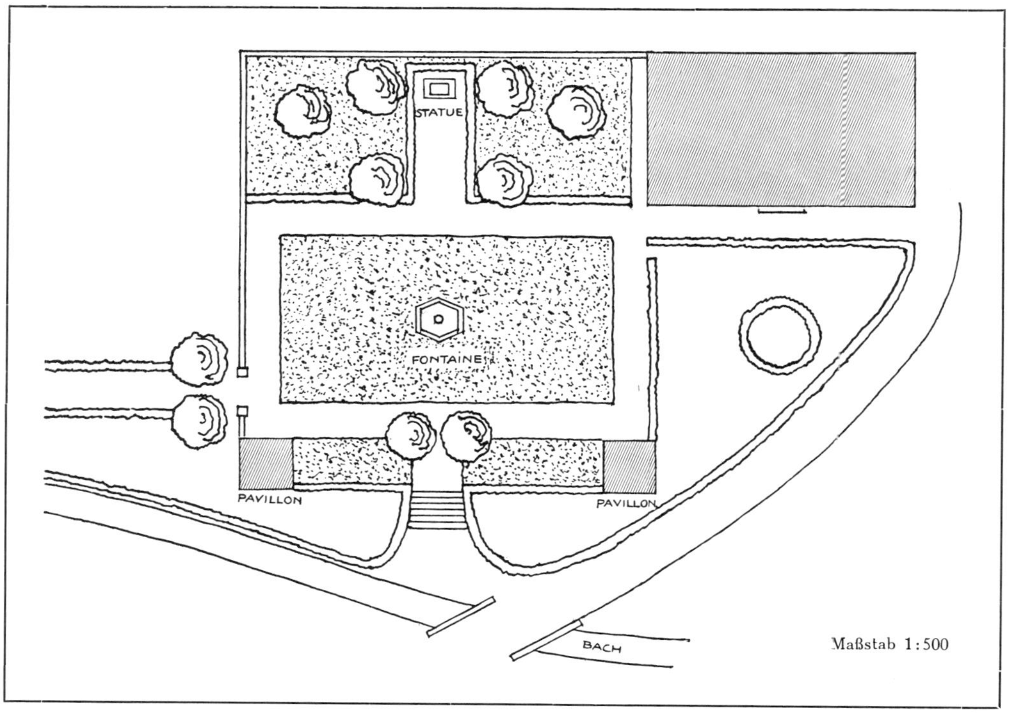

Mittelwalde. — Übersichtsplan des Lindenhofgartens

Schloß Domanze. — Aus dem Schloßhof

Schloß Kunzendorf. — Die Orangerie im Schloßpark

Deutsch-Lissa. — Eine Bank im Schloßpark

Rückers. — Der Eingang zum Schloßpark

Briese. — Aus dem Schloßpark

Rückers. — Das Schloß und der Terrassengarten, 18. Jahrh.

Schloß Prauß. — Das Torhaus, 18. Jahrh.

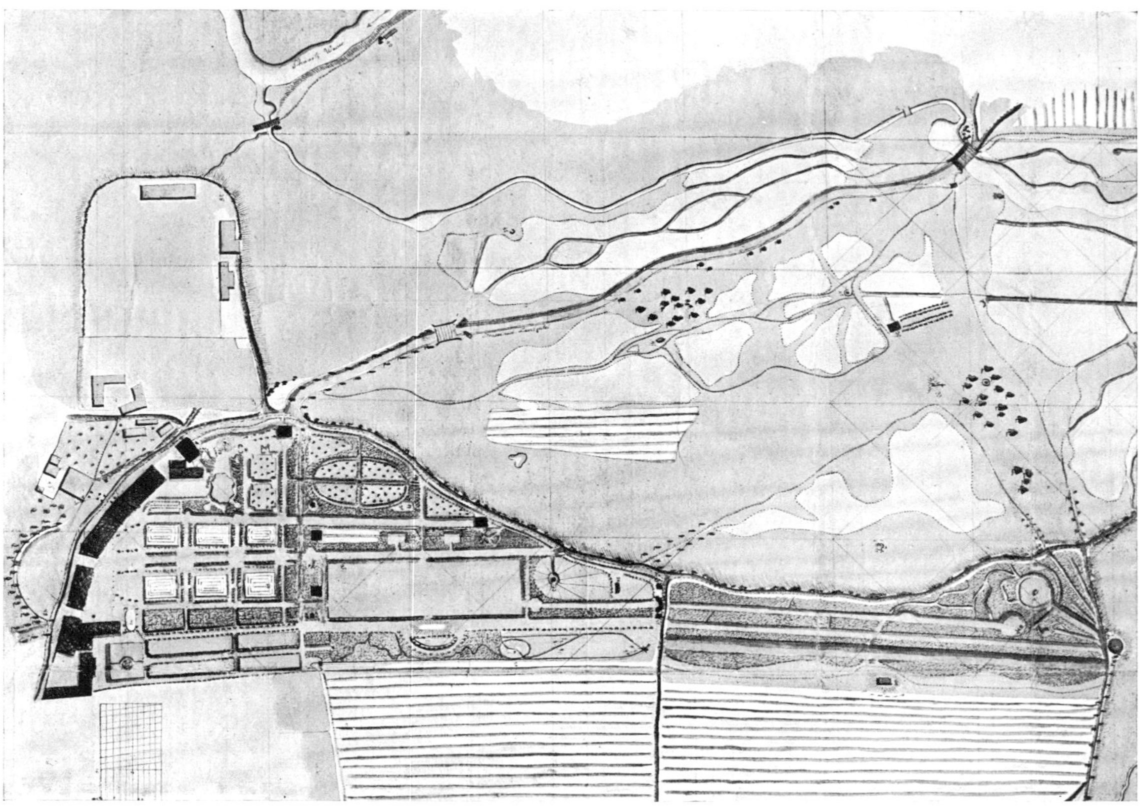

Breslau. — Der ehemalige Garten der Fürsten Hohenlohe zu Scheitnig
Nach einer Handzeichnung von 1800 in der Stadtbibliothek zu Breslau

Mittelwalde. — Aus dem Ludwigschen Garten, 1804

Carlsruhe (O. Schl.). — Der Erdmanntempel

Schmiedeberg. — Der sog. Regimentspavillon, 18. Jahrh.

Ober-Langenau. — Ein Gartenhäuschen, um 1800

Riesengebirge. — Der Kupferhammer im Riesengrund

Reinerz. — Die Papiermühle, 17. Jahrh.

Reinerz. — Die Papiermühle; Eingangspavillon und Giebel, 17. Jahrh.

Schweidnitz. — Ein Magazingebäude, 18. Jahrh.

Brieg. — Ein Speicher

Leubus. — Blick in die Dorfstraße

Sagan. — Der herzogliche Marstall

Schmiedeberg. — Friedhofsmauer

Ohlau. — Ein Lagerhaus

Leschnitz (O. L.). — Ein Wirtschaftsgebäude

Groß-Peterwitz. — Die Schloßbrauerei

VERZEICHNIS DER LITERATUR UND DER ABBILDUNGEN

Verzeichnis der Literatur

Baer, C. H., Deutsche Wohn- und Festräume aus sechs Jahrhunderten. Stuttgart 1912 (Bauformen-Bibliothek, Bd VI.)

Behrendt, W. C., Die einheitliche Blockfront als Raumelement im Stadtbau. Berlin 1911.

Berichte des Landeskonservators der Kunstdenkmäler der Provinz Schlesien. Jahrg. 1896—1910.

Bischof, M., Die Renaissance in Schlesien. 70 Tafeln mit Text. Leipzig 1885.

Brinckmann, A. E., Deutsche Stadtbaukunst in der Vergangenheit. Frankfurt a. M. 1911.

Burgemeister, L., Frühmittelalterliche Baukunst in Schlesien. (Schlesische Ztg., 1903, Nr. 244.)

— Schlesische Rathäuser. (Bunte Bilder a. d. Schlesierland, 1903.)

— Das Haus zur goldenen Krone. (Schlesiens Vorzeit in Bild und Schrift, N. F. III, 1904.)

— Christov Hackner, ein schlesischer Baumeister. (Schlesische Zeitung, 1910.)

— Die Jesuitenkunst in Breslau. Dissert. Breslau 1901.

Dehio, G., Handbuch der deutschen Kunstdenkmäler. Bd. II: Nordost-Deutschland. Berlin 1906.

Ebe, G., Schlesische Landeskunst. (Deutsche Bauhütte, IX, 1905.)

Fuchs, R, Die Elisabethkirche in Breslau. Breslau 1907.

Gurlitt, C., Geschichte des Barockstils u. d. Rokoko in Deutschland. Stuttgart 1889.

— Historische Städtebilder. II, 3: Breslau. Berlin 1906.

Haendcke, B., Zur Geschichte der Plastik Schlesiens von etwa 1550—1720. (Repertor. f. Kunstwiss., XXVI, 1903)

Hinrichs, W. Th., Carl Gotthard Langhans, ein schlesischer Baumeister 1733—1808. Straßburg 1909. (Studien z. deutsch. Kunstgesch.)

Jungnitz, J., Die Breslauer Domkirche. Breslau 1908.

Kalesse, H., Ein Gartenhaus der Bischöfe von Breslau im 18. Jahrhundert. (Zeitschr. f. bildende Kunst, 1884.)

Kirchenbau, Der, des Protestantismus von der Reformation bis zur Gegenwart. Herausg. v. d. Ver. Berl. Architekten. Berlin 1893.

Knötel, P., Die Figurengrabmäler Schlesiens. Dissert. Kattowitz 1890.

— Holzkirchen Oberschlesiens. (Oberschlesien, 1902.)

— Die Bischofgrabmäler zu Neiße. (Oberschlesien, 1902.)

Koch, H., Sächsische Gartenkunst. Berlin 1910.

Lutsch, H., Die Kunstdenkmäler der Provinz Schlesien. 4 Bde. Breslau 1886/94.

— Wanderungen durch Ostdeutschland zur Erforschung volkstümlicher Bauweise. Berlin 1888.

— Bilderwerk der Kunstdenkmäler der Provinz Schlesien. 3 Mappen. Breslau 1903.

Patschovsky, W., Die Kirche des ehemal. Klosters Grüßau Nebst Abriß der Geschichte des Klosters Grüßau und dem Lebenslauf des Malers M. Willmann. Warmbrunn 1895.

Pfeiffer, F., Das Mausoleum der letzten Piasten zu Liegnitz. (Bunte Bilder a. d. Schlesierland, 1903.)

Pompejus, Album der Grafschaft Glatz. 1862.

Popp, H., Die Architektur der Barock- und Rokokozeit in Deutschland und der Schweiz. Stuttgart 1913. (Bauformen-Bibliothek, Bd. VIII.)

Regehly, Geschichte und Beschreibung von Carlsruhe in Oberschles. Nürnberg 1799. (Breslau, Kgl. Staatsarch.)

Renaissance, Deutsche. Hrsg. von A. Scheffers. Breslau u. andere schles. Orte. Hrsg. von M. Bischof. Leipzig 1884/85. Brieg. Hrsg. von M. Bischof. 1883.

Saebisch, Risse von Städten und Festungen. 1650. (Breslau, Stadtbibliothek.)

Schiller, A., Die evangel. Gnadenkirche in Hirschberg. Schweidnitz 1907.

Schlesien. Illustr. Zeitschrift für die Pflege heimatlicher Kultur. Kattowitz 1907 ff.

Schlesiens Vorzeit in Bild und Schrift. Berichte d. Ver. f. d. Mus. schles. Altertümer 1.—4. Bd., hrsg. von H. Luchs; Forts. als: Zeitschr. d Ver. f. d. Mus. schl. Altertümer. 5. Bd. hrsg. von W. Grempler, H. Lutsch, v. Czihak und H. Seger; 6. Bd. hrsg. von W. Grempler u. H. Seger; Neue Folge. Jahrb. d. schles. Mus. f. Kunstgewerbe und Altertümer 1.—6. Bd. hrsg v. K Masner und H. Seger. Breslau 1866—1912.

Schmerber, H., Beiträge zur Geschichte der Dientzenhofer. Prag 1900.

— Die Baumeister Christoph und Ignaz Kilian Dientzenhofer. Prag 1903. (Sammlung gemeinnütz. Vorträge, Nr. 292.)

Schoenborn, H., Das Piastenschloß zu Brieg. (Bunte Bilder a. d. Schlesierlande, 1903)

Schroller, F., Schlesien. Eine Schilderung des Schlesierlandes. 3 Bde. Glogau 1885/88.

Schulte, W., Geschichte des Breslauer Doms und seiner Wiederherstellung. Breslau 1907.

Schultz, A., Schlesiens Kunstleben im 13.—18. Jahrhundert. 2 Teile. Breslau 1871/72.

Schultze-Naumburg, P., Kulturarbeiten. I. Bd. München 1912.

Semrau, M., Die Bauten Breslaus. 1901.

Sommerfeld, v., Die St. Peter- und Paulskirche zu Görlitz. Görlitz 1904.

Weiß, F. G A., Chronik der Stadt Breslau. Breslau 1888.

Wels, P., Kloster Leubus in Schlesien. Breslau 1908.

Werner, F. B., Die von Sr. Kgl. Majestät in Preußen dem Lande Schlesien allergnädigst koncedierten Bethäuser. 1748. (Breslau, Kgl. Staatsarchiv.)

— Topographia seu Silesia in Compendio. 1765. (Breslau, Stadtbibliothek.)

Wiggert, E. und L. Burgemeister, Die Holzkirchen und Holztürme der preuß. Ostprovinzen Schlesien usw. Berlin 1905.

Verzeichnis der Abbildungen

Seite

Adelsbach, Schloß 79
Albendorf 159
Bolkenhain 18, 51
Boyadel, Schloß (General d. Infant. Freiherr von Scheffer-Boyadel) 206
Breslau, Armenhaus 54
Clarenmühlen a. d. Oder 57
Dom, Außenansicht 83
—, Kapellengitter 133
—, Kurfürstenkapelle 83
—, —, Tür 135
—, Presbyterium, Gittertür 134
—, Sakristei, Tür 130
—, Türen, geschnitzte 133, 135
Elisabeth-Kirche, Grabmal Rybisch 164
Elisabethinerinnen-Spital 99
Fayence-Öfen 79, 82
Fürstbischöfl. Palais 12
Garten des Fürsten Hohenlohe, Plan 228
Gartenhaus, ehem. bischöfl., Mittelsaal . . . 46
Gesamtansicht, Plan XI
Grabgitter 171
Grabmal 169
Gröschelbrücke, alte (abgebr.) 20
Häuser, alte 9, 30, 37, 54
Höfe alter Häuser 71
Kapitelhaus mit Wohnhaus 45
Kreuzkirche, An der 1
Leinwandhaus und Wache am Ring 25
Matthias-Gymnasium 43
Matthias-Kirche, Inneres 102
Musikzimmer aus dem Hause Antonienstr. 10 . 81
Orphanotropheum 11, 45
Palais Hatzfeld, ehem., jetzt Oberpräsidium, Außenansicht 47
—, Anfahrthalle 50
—, Musiksaal 49
—, Salon 48
—, Tanzsaal 50
Portale und Türen 61, 63, 65, 66
Prämonstratenser-Kloster, ehem., jetzt Oberlandesgericht, Gesamtansicht 41
—, Hof 42
Rathaus, von Osten 21
—, Ostgiebel und Staupsäule 22
—, Mittelerker der Südseite 23
—, Zimmertür 63
Ring, Blick über den 2
— mit Blücherplatz 21
— -Ecke an der Elisabeth-Kirche 4
Ritterplatz mit Vinzenz-Kirche und Hochbergscher Kapelle 5
Schlafzimmer aus dem Hause Antonienstr. 10 . 80
Stadtplan von 1578 2
Tannichtgasse 9
Treppen 74, 75, 77
Universität, Außenansichten . . . 103, 104, 105
—, Aula Leopoldina 106, 108 109, 110
—, Musiksaal 107
—, Tor 67

Seite

Breslau, Universität, Wandelhalle 110
Ursulinerinnen-Kirche 99
Vinzenz-Kirche, Abschlußgitter d. Hochbergschen Kapelle 99
Brieg, Piastenschloß, Torbau 173
—, Portal im Hofe 174
Rathaus 28
Speicher 232
Briese b. Oels, Schloß (Karl August Graf von Kospoth) 142, 196
Bukau (Ober-Schles.) 148
Bunzlau, Friedhof, evang., Kapelle und Gräber 140, 155, 160, 166, 167, 168
Häuser am Ring 38
Rathaus 24
—, Renaissance-Portal 60
Bürgsdorf (Ober-Schles.) 146, 154
Carlsruhe (Ober-Schles.) 141, 170, 220
—, Schloß (König Wilhelm II. von Württemberg) 219, 221, 222, 223
Czarnowanz (Ober-Schles.) 112, 147
Deutsch-Lissa, Schloß (Frau Asta von Riepenhausen) 136, 226
Domanze, Schloß (Gustav, Graf von Brandenburgsche Erben) 225
Dyhernfurt, Schloß (Marie Antoinette Gräfin von Saurma-Jeltsch) 215, 222, 223, 224
Eckersdorf (Grafsch. Glatz), Schloß (Anton Reichsgraf von Magnis) 216, 217, 218
Eisersdorf (Grafsch. Glatz) 152, 153
Glatz, Brücke über den Mühlgraben 20
Brunnen auf dem Niederring 10
Gesamtansicht . . . . IX, 1
Gymnasium des ehem. Jesuitenkollegiums, Portal 64
Jesuitenkollegium, ehem., Fenstergitter . . . 68
Kommandantur, Fenstergitter 68
Lauben am Oberring 16
Pfarrkirche, kathol., Sakristeitreppe 62
Platz an der kathol. Pfarrkirche 13
Portal einer Betkapelle 62
Stadtplan IX
Glogau 130
Goldberg 64
Görlitz, Am Untermarkt 8
Apotheke am Untermarkt 30
Häuser, alte 8, 36
Hof mit Laubengängen 69
Lauben am Untermarkt 17
Nikolaifriedhof, Gräber u. Grabkapellen . 156, 167 171, 172
Peterskirche, Ratsgestühl 100
—, Taufsteingitter 134
Rathaus, Archivflügel 27
—, Gerichtsbaulaubenerker 27
—, Treppe mit Rednerkanzel 26
Schönhof am Untermarkt 32
Treppenhalle (Untermarkt 25) 69

Seite

Goschütz, Schloß (Heinrich Graf von Reichenbach-Goschütz 207, 208, 209, 210, 211
Grafenort, Schloß (Maximilian Reichsgraf zu Herberstein) 68, 78, 159, 181, 182, 183, 184, 222
Greiffenberg 3, 38, 57, 68, 72, 169
Groß-Döbern (Ober-Schles.) 147, 149
Groß-Peterwitz, Schloß (Heinrich Graf von Danckelmann) 187, 234
Groß-Wartenberg 142
Groß-Wilkau b. Nimptsch 151
—, Schloß (Herr Karl von Chappuis) 180
Grüßau, Kloster 120, 121, 122, 123, 124, 125, 126, 158
Guhlau, Schloß (Herr Christian Moritz von Prittwitz und Gaffron) 62
Habelschwerdt 3
Hartenberg i. Riesengeb. 82
Hassitz (Grafsch. Glatz), Schloß (Graf von Harbuval-Chamaré) 193, 194, 195
Haynau 84, 85, 166
Heinrichau, Kloster (Großherzog Wilhelm Ernst von Sachsen-Weimar) 113, 127, 224
Hennersdorf (Ober-Lausitz) 179
Hermsdorf a. K. 140
Hirschberg, Gesamtansicht a. d. 17. Jahrh. . . VII
Gnadenkirche 140
Gittertüren von Grabkapellen 161, 162
Grabkapellen 157, 160
Grabmäler 167, 168
Gymnasium 40
Rathaus 29
Treppenhalle eines Hauses am Ring 76
Hummel 96
Klein-Kotzenau, Schloß (Willy Burggraf und Graf zu Dohna-Schlodien) . . 190, 191, 192, 193, 194
Krayn, Schloß (Friedrich Graf von Schweinitz und Krain) 205
Kreppelhof, Schloß (Albrecht Graf zu Stolberg-Wernigerode) 62, 68
Kunzendorf (Grafsch. Glatz), Schloß (Graf Stanislaus von Harbuval und Chamaré'sche Erben) 198, 225
Kupp (Ober-Schles.) 56, 171
Landeshut 44, 158, 170
Leschnitz (Ober-Lausitz) 234
Leubus, Kloster . . XXV, 67, 113, 114, 115, 116, 117, 118, 119, 233
Leutmannsdorf b. Schweidnitz 92
Liebental 6 7, 16, 17, 76
Liegnitz, Haus „Zum Wachtelkorb" 33
Jesuitenkollegium, Portal 66
—, Abschlußgitter der Haupttreppe 136
Pfarrkirche, kathol., Herzoggruft 98
Plan von 1642 VII
Schloßgarten nach einer Zeichnung von 1625 . XXI
Schloßportal 174
Treppen (Burgstr. 27 und Steinmarkt 2) . 72, 73
Löwenberg 3, 24, 70, 86

Seite

Militsch, Schloß (Andreas Graf von Maltzan) . 214
Mittelwalde (Grafsch. Glatz) 18, 39, 153, 172, 224, 229
—, Schloß (Robert Reichsgraf von Althann) . . 188
Moschczenitz (Kreis Rybnik) 149, 150
Namslau 3, 73, 87
Neiße, Bischofshof und Jesuitenkirche 13
Bischofstraße 14
Brunnen, Der schöne 36, 132
Gesamtansicht von 1650 V
Glöckner- und Waisenhaus 35
Häuser, alte 34
Jesuitenkolleg, jetzt Gymnasium. Äußeres . . 14
—, Aula 111
Kämmerei, ehem. Wage 35
Kämmereilauben mit der alten Wage . . . 60
Pfarrkirche, evang., Äußeres 85
—, kathol., Glockenturm 36
—,— Grabtumba des Bischofs Jakob von Salza 163
—,— Kapellengitter 131
—,— Schmiedegitter um den Taufstein . . . 132
Ring und Brunnen von 1700 10
Torturm, Breslauer 15
Treppe im Hause Ring 41 73
Neumarkt 84
Niebotschau (Kreis Ratibor) 150
Nieder-Hannsdorf (Grafsch. Glatz) 58
Nieder-Marklowitz 150
Oberau 172
Ober-Adelsdorf 142, 159, 169
Ober-Gläsersdorf 165
—, Schloß (Valentin Graf von Ballestrem) . . . 215
Ober-Hannsdorf (Grafsch. Glatz) . 128, 151, 158
Ober-Langenau (Grafsch. Glatz) . 50, 137, 229
Oels 15, 72, 87, 91, 154
—, Schloß (Se. Kais. und Kgl. Hoheit der Deutsche Kronprinz) 175, 176, 177, 178
Ohlau 56, 57, 59, 142, 233
Pischkowitz (Grafsch. Glatz), Schloß (Herr Dr. jur. Wolfgang von Eichborn) 212
Pniow (Kreis Tost-Gleiwitz) 149, 150
Prausnitz 28
Prauss 97
—, Schloß (Karl Reichsgraf von Zierotin) 82, 179, 228
Proschlitz 146, 149
Ratschenhof b. Grafenort, Schloß . 180, 181, 184
Reichenbach a. E. 80, 144, 145
Reinerz 170, 230, 231
Riesengebirge 59, 230
Rosenberg (Ober-Schles.) 56, 148
Rotsürben 61, 88, 89, 90
Rückers (Grafsch Glatz) 44
—, Schloß (Herr Siegfried von Löbbecke) 226, 227
Saabor, Schloß (Johann Georg Prinz von Schönaich-Carolath) 200, 201, 202, 203
Sagan 12, 31, 55
—, Schloß (Herzog zu Sagan) . . . 185, 186, 233
Schlanz, Schloß (Gräfin zu Eulenburg-Prassen) 169, 198
Schlenz (Kr. Militsch), Schloß (Traugott Graf von Schweinitz und Krain) 197

Seite
Schmiedeberg, Friedhofsmauer 233
Häuser, alte 39, 52, 53, 56
Kirche, evangel. 138, 139
Rathaus 29
Regimentspavillon, sogen. 229
Volksschule 40
Schönberg (Ober-Lausitz) 19, 51
Schönfeld 166
Schweidnitz, Friedenskirche, Inneres . 93, 94, 95
Friedenskirchhof, Eingang 92
—, Grabmäler 168
Grabkapelle 158
Magazingebäude 232
Portale 64, 66
Rathaus, Eingangshalle 70
Ratsapotheke 78
Strachwitz, Schloß (Herr Georg Schoeller) . . 73
Strehlitz b. Schweidnitz 86

Seite
Tannhausen 57
Tillendorf b. Bunzlau 163
Trachenberg, Schloß (Hermann Herzog zu Trachenberg, Fürst von Hatzfeld) 213
Trebnitz 72, 136
Ullersdorf (Grafsch. Glatz), Schloß (Wilhelm Graf von Magnis) 199
Wahlstatt, Kloster 128, 129
Waldenburg 143
Warmbrunn 168
—, Schloß (Friedrich Reichsgraf Schaffgotsch) . . 214
Werdeck b. Glatz 58
Wölfelsdorf b. Habelschwerdt (Grafsch. Glatz) 58, 59
—, Schloß (Robert Reichsgraf von Althann) . 204, 205
Zyrowa (Ober-Schles.), Schloß (Johannes Graf von Francken-Sierstorpff) 189

Saabor. — Die evangelische Kirche. Blick nach dem Altar

SCHLESIEN
Maßstab 1:1500000
0 10 20 30 40 Kilometer
Regierungssitze sind doppelt, Kreissitze einfach unterstrichen.
Höhen in Metern.
Verbreitung der Polen:
Über 80%
50 – 80%
20 – 50%
der Bevölkerung sprechen polnisch.
15
16
Frankfurt
Reppen
Lagow
Tirschtiegel
Neutomischl
Sternberg
Schwiebus
Brätz
Bentschen
Opalenitza
Gr. Gandern
Topper
Grätz
Fürstenberg
Baudach
Bomst
Rothenburg
Kopnitz
Wollstein
Züllichau
Unruhstadt
Kiebel
Obra
Oder
Guben
Krossen
Rothenburg
Gr. Lessen
Schwarmitz
Fehlen
Bobersbg.
Grünbg.
Sabor
Boyadel
Kontopp
Schweinitz
Nittritz
Aufhalt
Schlawa
Fraustadt
Lübben
Spree-Wald
Peitz
Lübbenau
Spree
Jessnitz
Pförten
Sommerfeld
Naumburg
D. Wartenbg.
Vetschau
Kottbus
Forst
Christianstadt
Herzogswaldau
Neusalz
Carolath
Tschepplau
Driebitz
Kalau
Kuttlau
Schlichtingsheim
Gassen
Hertwigswaldau
Freistadt
Beuthen
Nieder Lausitz
Döbern
Drebkau
Bagenz
Triebel
Sorau
Sagan
Neustädtel
Dalkau
Glogau
Rücken B.
Hartau
Giessmansdf.
Quaritz
Spremberg
Gräfenhain
Hansdorf
Buchwald
Klopschen
Gramschütz
Köben
Zschipkau
Lauchhammer
Senftenbg.
Schleife
Zibelle
Muskau
Kunau
Waltersdf.
Hochkirch
Sprewitz
Mallmitz
Sprottau
Primkenau
Ruhland
Hosena
Weisswasser
Weisskeisel
Wiesau
Priebus
Halbau
Leschen
Polkwitz
Hoyerswerda
Podrosche
Freiwaldau
Kotzenau
Gläsersdorf
Steinau
Wittichenau
Lohsa
Boxberg
Diehsa
Leippa
Lorenzdf.
Alt Öls
Ortrand
Rietschen
Rauscha
Tiefenfurt
Rückenwaldau
Lüben
Strassgräbchen
Reichwalde
Rothenbg.
Klitschdorf
Modlau
Kaltwssr.
Kamenz
Ober Lausitz
Königswartha
Mücka
Niesky
Horka
Kohlfurt
Thommendorf
Reisicht
Königsbrück
Elstra
Diehsa
Rothwasser
Bunzlau
Haynau
Pulsnitz
Bautzen
Weissenbg.
Penzig
Siegersdf.
Gnadenberg
Kaiserswaldau
Liegnitz
Sachsen
Radeberg
Bischofswerda
Reichenb.
Görlitz
Naumbg.
Gröditzberg
Adelsdorf
Arnsdorf
Hochkirch
Kath. Hennersdorf
Goldberg
Dresden
Wilthen
Löbau
Lauban
Löwenbg.
Seichau
Stolpen
Neusalza
Bernstadt
Schönberg
Schmottseifen
Probsthain
Jauer
Dürr-Röhrsdf.
Neustadt
Schluckenau
Herrnhut
Marklissa
Greiffenbg.
Schönau
Ebersb.
Seidenberg
Liebenthl.
Pirna
Sebnitz
Rumbg.
Ostritz
Friedebg.
Lähn
Poischwitz
Schandau
Warnsdf.
Oderwitz
Friedland
Rabishau
Kauffung
Bolkenhain
Königstein
Neudorf
Scheibe
Hirschbg.
Hohenfriedebg.
Berggiesshübel
Georgenth.
Zittau
Markersdf.
Flinsbg.
Warmbrunn
Kupferbg.
Freiburg
Tannenbg.
Iser-Geb.
Petersdf.
Ruhbank
Gr. Schnee
Tetschen
Zwickau
Kratzau
Hermsdf.
Schmiedebg.
Bodenbch.
Bensen
Reichenbg.
Landeshut
Haida
Gabel
Gablonz
Tannwld.
Riesen-Geb.
Schneekoppe
Liebau
Gottesberg
Aussig
Sandau
Böhm. Leipa
Hochstadt
Görbersdorf
Schömberg
Waldenburg
Teplitz
Wernst.
Reichstadt
Niemes
Liebenau
Schatzl.
Königshain
Leitmeritz
Hirschbg.
Böhm. Aicha
Eisenbrod
Hohenelbe
Freiheit
Braunau
Lobositz
Dauba
Münchengrätz
Turnau
Semil
Langenau
Trautenau
Parschnitz
Theresienstadt
Gastdf.
Weisswasser
Lomnitz
Arnau
Pilnikau
Politz
Hronow
Elbe
Wegstädtl
Bakov (Backofen)
Neu Paka
Kostelets
Libochowitz
Jung-Bunzlau
Unt. Bautzen
Eisenstadtl
Gitschin
Königinhof
Nachod
Budin
Raudnitz
Liban
Starkoc
Skalitz
Lewin
Eger
Wostromer
Jaromer
Wenzelsbg.
Neustadt
Josefstadt
Horitz
Hochwesely
Kopidlno
Smidar
Sadowa
Chlum
Smiritz
Krinetz
Neu Bydzow
Königgrätz
Opočno
Nimburg
König-stadt
Nechanitz
Reichenau
Podebrad
Hohenbruck
Kosteletz
Chlumetz
Tinist
Senftenbg.
Gr. Wosek
Elbeteinitz
Kladrub
Pardubitz
Kolin
Prelouč
Gang
Alt Kolin
Chotzen
Kuttenbg.
Hermanmestetz
Chrudim
Böhm.-Trübau
Caslau
Vrdy
Prachowitz
Hohenmauth
Chrast
Leitomischl
Zawratetz
K. Podol
Roth-Janowitz
Sec
Kamenitz
Skutsch
Goltsch-Jenikau
Zwittau
UMGEBUNG VON BRESLAU
Maßstab 1:200000
Kilometer
Oswitz
Schottwitz
Kosel
Rosenthal
Karlowitz
Hundsfeld
Friedewalde
Pöpelwitz
Kawallen
Kl. Gandau
Wilhelmsruh
Leerbeutel
Scheitnig
Kl. Mochbern
Zoolog. Gart.
Grüneiche
Zimpel
Gräbschen
Bartheln
Bischofswalde
Morgenau
Dürrschau
Schwentnig
Herdain
Kl. Tschansch
Krietern
Kleinburg
Dürrgoy
VII.92.